Callwey

Die alten Dachkonstruktionen zeigen kein einheitliches Bild, sondern sind häufig regional unterschiedlich ausgeformt, wobei auch die Phantasie des ausführenden Handwerkers eine bedeutende Rolle gespielt hat.

Holger Reiners / Dieter Hoor

Wohnen unterm Dach

Dachausbau

Ideen für Ausbau, Umbau und Aufstockung

Callwey

BAUART

Dank!

Allen Architekten und ihren Mitarbeitern, den Bauherren und den Fotografen sei an dieser Stelle ganz herzlich für ihr freudiges Engagement gedankt.

Ohne die großzügige Mitarbeit aller Beteiligten hätte dieses Buch nicht entstehen können.

Unser Dank gilt auch unseren Mitarbeitern Dipl.-Ing. Bernd Kroll und Ingke Sieh für die Bearbeitung der Zeichnungen.

Das Titelfoto zeigt alle für das Thema Dachausbau charakteristischen Elemente.
Das Projekt zu diesem Foto wird auf den Seiten 90 bis 93 dargestellt.

Die Deutsche Bibliothek – CIP Einheitsaufnahme
Wohnen unterm Dach: Dachausbau; Ideen für Ausbau, Umbau und Aufstockung/Holger Reiners; Dieter Hoor. – München: Callwey, 1992
(BauArt)
ISBN 3-7667-1028-1
NE: Reiners, Holger; Hoor, Dieter

Umschlaggestaltung Baur + Belli Design, München
Gestaltung Eberhard Wolf, München, Köln
Lithos Fotolito Longo, Frangart, Italien
Satz Filmsatz Schröter, München
Druck Kastner & Callwey, Forstinning bei München
Bindung Conzella, München
Printed in Germany 1992
ISBN 3-7667-1028-1

Inhalt

Dachgeschosse – aktuell, aber viel mehr als nur ein Trend

Als Bauaufgabe und Wohnraumreserve sind der Ausbau, Umbau und die Aufstockung von Dachgeschossen brandaktuell und als Architekturthema sind sie wichtig. Die Aktualität liegt ganz einfach darin, daß unter den Dächern ein ungeheures Flächenpotential brachliegt, das sich ohne zusätzliche Kosten für Infrastrukturmaßnahmen relativ einfach und schnell zu hochwertigem Wohnraum umwandeln läßt: 250 000 Wohnungen könnten es nach vorsichtigen Schätzungen des Bundesbauministeriums sein, wenn nur jedes fünfzigste Dach ausgebaut wird. Sollen diese Reserven aktiviert werden, bedarf es dazu in erster Linie williger Bauherren.

Das Bauen im Dach ist äußerst schwierig und mit dem Umbau einer normalen Geschoßwohnung, was die Komplexität angeht, nicht zu vergleichen. (Ganze Institute leben von dem Forschungsproblem »Dach«). Daher bedarf es neben dem engagierten Bauherrn in zweiter Linie guter Architekten, die sich der Aufgabe Dach als eigenständige Wohnform und als »fünfte Fassade« mit allen bauphysikalischen und konstruktiven Problemen annehmen.

Als Architekturthema ist es wichtig, weil das Dach nicht nur funktionaler Witterungsschutz ist, wie es die Flachdach-Apologeten eines falsch verstandenen Neuen Bauens uns in den vergangenen zwanzig Jahren immer wieder verkaufen wollten. Das Dach ist auch Teil einer komplexen Dachlandschaft, deren Architektur, weil sie ja angeblich »von der Straße nicht einsehbar ist«, nicht nur häufig negiert, sondern als gestalterische Aufgabe geradezu sträflich vernachlässigt wurde. Und da in unseren Breiten, anders als in Rom oder Paris, wo es auf und über den Dächern unglaublich vielfältig und pittoresk zugeht, die Dacharchitektur so schnell überschaubar ist und als architektonisches Informationsangebot oder Reiz eher zu wenig bietet, ist hier bei Ausbau-, Umbau- und Aufstockungsmaßnahmen das Bemühen um eine gute Architektur besonders gefordert, da sich Mißgriffe, Grobheiten und gestalterische Ignoranz, sind sie erst einmal gebaut, auf Jahrzehnte nicht mehr korrigieren lassen.

Daß eine schlechte Architektur – anders als in den hektischen Aufbaujahren – heute auch zu einer erheblichen Wertminderung einer Immobilie beiträgt, wird bei den Einsparungen an falscher Stelle, nämlich der Planung einer angemessenen Architektur, häufig übersehen. Erst wenn das Haus verkauft werden soll, weist der Interessent auf die Sünden hin – und mindert den Kaufpreis.

Den Leser interessiert hier natürlich am meisten die eigentliche Bauaufgabe Ausbau, Umbau oder Aufstockung. Dieses Buch beschränkt sich daher, im Gegensatz zu dem Band »Der Dachausbau« mit technisch-konstruktivem Inhalt, den wir 1991 ebenfalls im Callwey Verlag herausgebracht haben, auf die Darstellung der drei Bauaufgaben anhand von Projekten. Über fünfzig ausgeführte Bauten zeigen eine Vielzahl von architektonischen Lösungen, die beispielhaft das ganze Spektrum des Bauens auf und unter dem Dach repräsentieren. Bei der Projektdokumentation haben wir den Schwerpunkt auf den Grundriß, das Raumgefüge und die Details und weniger auf die Konstruktion und die äußere Dachgestaltung gelegt. Der Grund liegt ganz einfach darin, daß es häufig sehr schwierig ist, die neue Dacharchitektur von außen überzeugend zu fotografieren, auch wenn das Auge des Betrachters sie durchaus wahrnimmt, aus welcher Höhe auch immer.

In der Projektzusammenstellung zu den drei Themen werden realisierte Projekte der letzten Jahre vorgestellt. Ausgangspunkt bei dem Thema **Ausbau** war jeweils ein nicht mehr genutzter »Rohling«, also Speicher oder Trokkenboden, der zu beispielhaften, vollwertigen Wohnungen ausgebaut wurde. Dabei reicht die Spanne der fünfundzwanzig Projekte vom kleinen Dachausbau auf dem Lande bis zur eindrucksvoll großen Wohnung über drei Ebenen in einem typischen Mehrparteienhaus in der Großstadt.

Die Projekte zum Thema **Umbau** zeigen, wie aus ehemals behelfsmäßigen Unterkünften interessante Wohnungen mit zeitgemäßem Standard werden können. Auch hier reicht die Dokumentation der fünfzehn Projekte vom kleinen wirkungsvollen Eingriff bis zur großen raumgreifenden Lösung.

Die **Aufstockung** ist als Bauaufgabe und als Architekturthema von ganz besonderem Interesse. Die Aufstokkung schafft Möglichkeiten, Baulücken – wodurch auch immer entstanden – in der Höhe zu schließen und architektonische Defizite durch das Aufsetzen von Dächern aufzuheben. Damit fällt dieser Aufgabe auch eine besondere Verantwortung für die Stadtgestaltung zu: im Detail, aber auch im Ganzen, wenn die Aufstockung die Chance bietet, Fehlentwicklungen in der Höhenausbildung ganzer Straßenzüge oder der Dachformen auf diesem Wege zum Besseren zu korrigieren.

Philipp Johnson hat einmal über das Bauen in New York gesagt: »In der Höhe ist überall noch Platz.« In der Tat, die Aufstockung ist die wirkungsvollste Maßnahme, flächenmäßig relevanten Wohnraum zu schaffen. Nur leider wird diese Möglichkeit noch viel zu wenig genutzt, weil sie offenbar nicht ausreichend bekannt ist. Noch selten sieht man, daß Einzelhäuser, Stadthäuser oder ganze Wohnanlagen in die Höhe erweitert werden. Geschieht es doch einmal, dann wird die Aufstockung zurecht auch gleich zum willkommenen Anlaß, das gesamte Gebäude nicht nur bauphysikalisch, sondern auch in seiner Architektur zu sanieren.

Jedes der vorgestellten Projekte wird mit mindestens einem für das Verständnis wichtigen Grundriß und Schnitt dargestellt. Auch wenn es immer wieder heißt, der Laie kann doch ohnehin keinen Grundriß lesen, sind wir anderer Meinung und halten die Darstellung anhand von Plänen für unverzichtbar. Die Zeichnung ist das Medium des Architekten, mit dem er dem Bauherrn das Projekt in erster Linie verdeutlichen kann und muß. Also wird sich auch jeder Bauherr irgendwann mit dem Lesen und Verstehen eines Grundrisses und eines Gebäudeschnittes beschäftigen müssen. Der Text zu jedem Projekt stellt die Bauaufgabe in ihrem architektonischen Zusammenhang dar und weist auf Besonderheiten der Lage, der Konstruktion oder einer ganz spezifischen Aufgabenstellung hin. Die Kurzangaben sollen einen Überblick über Ort, Grösse, Gebäudetyp und bauliche Maßnahmen geben und so auf mögliche Parallelen zur eigenen Bauaufgabe eingehen. Nicht jedes Projekt konnte und sollte in seinem gesamten Umfang fotografisch dokumentiert werden. Es ging uns eher darum, das Wesentliche und Beispielhafte einer Lösung zu zeigen, die natürlich nie direkt auf andere Bauaufgaben übertragbar ist, jedoch aber Anregungen für das eigene Planungsproblem liefern oder zu ganz neuen Wegen führen kann. Diese Absicht, eine Vielzahl von Lösungsmöglichkeiten zu zeigen, ist auch der Grund für das große Spektrum der architektonischen »Handschriften«, die dieses Buch zeigt. Bauherren sind nun einmal Individuen, und genauso individuell und vielfältig muß daher das Angebot der hier vorgestellten Architektur sein.

Wir maßen uns mit der Auswahl unserer Projekte nicht an, über Architektur zu richten. Wir meinen aber, sagen zu können, daß gute Architektur – und das Bauen im Dach sollte nach denselben Kriterien beurteilt werden wie jede andere Bauaufgabe auch – am ehesten von qualifizierten und engagierten Architekten zu leisten ist. Diese Erfahrung, die einer Mahnung gleichkommt, möchten wir jedem Bauherren ans Herz legen.

Natürlich ist das Wohnen unter dem Dach aktuell, die Zahl der umgewandelten Dachgeschosse eine neue, statistisch ernst zu nehmende Größe, also ein Trend. Und damit sind sie auch ein blühender Markt, auf dem sich viele schwarze Schafe tummeln. Vorsicht ist also geboten. Aber die soll die Freude am Suchen, Planen und Bauen nicht schmälern. Im Gegenteil. Wir hoffen, daß dieses Buch, das die engagierte Arbeit so vieler Architekten zum Thema Dachgeschosse zeigt, dazu seinen Teil beiträgt.

Der Dachausbau:
Wie aus Abstellkammern attraktive Wohnungen werden

Der Dachausbau ist für die kommenden Jahre die größte wohnungspolitische Ressource, auf die schnell zurückgegriffen werden kann. Politiker weisen ständig darauf hin, Stadtplanungsbehörden sind endlich bereit, den Dachausbau zu unterstützen, und auch die Bauordnungsämter haben heute schon einen gelockerten Richtlinienkatalog zur Hand, der erheblichen Spielraum für die Baugenehmigung gibt. Jetzt bedarf es zusätzlich der gezielten Information, damit die Hauseigentümer endlich ihre Dachböden entrümpeln und den begehrten Wohnraum schaffen helfen. Das Interesse ist geweckt, die Nachfrage steigt. Leider auch die Preise.

Bei der Suche nach einem Dachboden sind es meist drei Faktoren, die für einen Bauherrn von Interesse sind: Die Lage der zukünftigen Wohnung, das Haus selbst, das heißt, die Architektur und ihr Erhaltungszustand und natürlich der Preis für die auszubauende Fläche. Es ist ratsam, schon in dieser Phase der Objektsuche einen Architekten zu Rate zu ziehen und diesen nach Aufwand zu bezahlen. Die Kosten für eine solche Beratung liegen etwa zwischen 100,-- und 150,-- DM pro Stunde. Schon bei einer solchen ersten Begehung lassen sich der Bauzustand und die Ausbaumöglichkeiten abschätzen und damit die Kaufentscheidung wesentlich erleichtern. Viel mehr Zeit, zum Beispiel für einen Vorentwurf, wird es in der Regel nicht geben, da die begehrten Objekte in der richtigen Lage innerhalb von Stunden vergeben werden. Auch das zeigt, wie wichtig der fachliche Rat schon in dieser Phase ist, soll der Kaufpreis in angemessener Relation zu den Ausbaumöglichkeiten und den später nötigen Investitionen stehen. Auch das Neinsagen muß erst gelernt sein.

Welches sind nun die entscheidenden Vorzüge eines unausgebauten Dachbodens zum richtigen Preis in richtiger Lage? Der wichtigste ist, daß der umbaute Raum, das Erschließungssystem mit dem Treppenhaus und die ver- und entsorgenden Systeme, das heißt die gesamte kostspielige Infrastruktur, bereits bis unter den Fußboden anschlußfertig vorhanden ist. Sie läßt sich in der Regel bis unter das Dach erweitern. Das Raumvolumen und die Ausrichtung des Daches zur Sonne sind bereits erste Vorgaben, die schon den späteren Reiz der ausgebauten Wohnung erahnen lassen.

Im Rahmen der jetzt einsetzenden Planungsphase müssen aber alle Beteiligten noch mit vielen Hemmnissen rechnen, so daß bis zur endgültigen Baugenehmigung meist mehr als sechs Monate vergehen. Dazwischen liegen oft lange und zähe Verhandlungen mit den Bauaufsichtsämtern. Ein Architekt, der in diesem Tätigkeitsbereich bereits einschlägige Erfahrungen gesammelt hat, der zwischen den Zeilen der Bauordnung lesen kann, der beharrlich und erfindungsreich ist, wird die Klippen des Brandschutzes, der überschrittenen Geschoßflächenzahl und sonstiger Vorschriften letztlich – wenn auch mit Kompromissen – überwinden und die Auflagen bewältigen können. Denn grundsätzlich gilt auch für das Bauen unterm Dach die Genehmigungspflicht, genauso wie bei einem Neubau. Das heißt: Es ist ein Bauantrag mit genehmigungsfähigen Plänen, Berechnungen des umbauten Raumes und der Wohnfläche sowie des Wärmebedarfes zu stellen. Im Vorweg ist es ratsam, die Genehmigungsfähigkeit zu klären und eventuell Befreiungsanträge zu stellen.

Klärung bedürfen vor allem die Erfüllung der Brandschutzforderungen, die heute mit den auf dem Markt befindlichen Verkleidungsmaterialien durchaus zu erfüllen sind. Fluchtwege aus dem Dach, Forderungen des Schallschutzes, notwendige Belichtungsflächen und Raumhöhen stellen häufig Probleme dar, die mit Einfallsreichtum und der schlüssigen Interpretation der Vorschriften zu überwinden sind – bis zur Umgehung der finanziellen Ablösesumme für den geforderten Autostellplatznachweis. Das Wort ist so lang wie der Weg dorthin.

Bei einem unter Denkmalschutz stehenden Gebäude führen häufig Veränderungen der Dachform oder der Einbau von zusätzlichen Dachfenstern und Gauben zu Schwierigkeiten. Fortschrittliche Denkmalschutzämter sind im allgemeinen jedoch bestrebt, zusammen mit Bauherrn und Architekt eine Synthese aus erhaltenswertem Bestand und heutigen Anforderungen an eine neue Nutzung zu finden.

Am Ende aller baurechtlichen Fragen steht der Entwurf. Die Arbeit an diesem Buch hat eine ganz deutliche Wunschliste der Bauherren gezeigt. An erster Stelle stand das Raumangebot: Viel Fläche, eine interessante räumliche Abfolge mit verschiedenen Ebenen, Galerien und Podesten soll sich zusammen mit einer Dachterrasse oder gar einem Dachgarten zu einem großzügigen, individuellen Grundriß fügen. Deutlich ist der Wunsch nach Überwindung überkommener Vorstellungen. Das Wohnen unter dem Dach ist schon lange kein Kompromiß mehr. Es ist vielmehr Ausdruck zeitgemäßer Lebensvorstellungen und Sehnsüchte, für die der Dachboden die ideale Bühne sein kann. Das zeigt sich auch im Umgang mit dem Bühnenbild, der alten Bausubstanz. Auch hier steht die Gestaltungsqualität ganz oben auf der Wunschliste. Architektur und Innenarchitektur sollen sich anspruchsvoll ergänzen. Ideen sind gefragt, die über das Normale hinausweisen.

Die vorgestellten Projekte zeigen eindrucksvoll, wie dieser Umgang mit den alten Dachzelten und ihren manchmal gewaltigen Holzkonstruktionen aussehen kann, zeigen neu entstehende Raumgefüge, die sich mit konstruktiven Gegebenheiten auseinandersetzen oder diese bis zur scheinbaren Entmaterialisierung überwinden. Vor allem aber geben sie einen Eindruck, wie groß der Gestaltungsrahmen ist, wie vielfältig die architektonischen Lösungen für ein und dieselbe Aufgabe sein können. Sie zeigen aber auch, wie schwer es ist, »seinen« Architekten zu finden, der aus den Träumen sachkundig und poesievoll Realität entstehen läßt. Wie beglückend letztlich dieser Weg sein kann, das haben uns die Bauherren immer wieder beim Besichtigen ihrer Häuser bestätigt.

Der Dachumbau: *Von der Behelfsunterkunft zur Wohnattraktion*

Von den drei Bauaufgaben unter dem Dach ist der Umbau sicher die am wenigsten problematische. Alle wichtigen baurechtlichen Probleme sind bereits geklärt, weil der Dachboden schon zu Wohnzwecken genutzt wurde. Es sei denn, der Umbau erfordert Eingriffe in die äußere Erscheinungsform des Daches oder Änderungen im Erschliessungs- oder Fluchtwegsystem. Dann ist beim Bauaufsichtsamt zu klären, inwieweit eine Baugenehmigungspflicht besteht. Das Procedere ist das gleiche wie beim Dachausbau: Am besten, der Bauherr legt es in die Hände seines Architekten. Das gilt auch für die Begutachtung des Bestandes vor dem Kauf.

Dachumbau bedeutet die Veränderung einer bereits bestehenden Dachwohnung oder einer Reihe von Dachzimmern zu zeitgemäßem Wohnraum. Nach dieser Definition haben wir auch die Projekte ausgewählt. Sie zeigen gedankliche Ansätze im Umgang mit dem Bestand, zeigen, wie zum Beispiel aus den oft wirren Grundrissen der Dachkammerprovisorien interessante Atelierwohnungen werden können. Selten waren die Einbauten dieser Provisorien verwertbar. Erst ein Auskernen bringt in der Regel Klarheit, was der Dachboden an neuen Möglichkeiten hergibt. Eventuell können die alte Konstruktion, Gebälk, Schornsteine und Giebelwände in die Gestaltung einbezogen werden, oder aber die Feuchteschäden, der Holzbock oder gar Schwamm zwingen zu sehr viel radikaleren Lösungen. Planunterlagen existieren bei behelfsmäßig ausgebauten Dächern selten. Daher heißt es erst einmal, ein Aufmaß machen, den Bestand analysieren, eine Bestandsstatik aufstellen und prüfen, ob sich die neuen Entwurfsvorstellungen auch verwirklichen lassen. Bauherren sind im Umgang mit der alten Bausubstanz ja eher unerfahren, schließlich bauen die meisten nur ein einziges Mal in ihrem Leben. Und wenn sie dann auch noch zu sehr an die Eigenleistung denken, neigen sie häufig dazu, möglichst viel des Bestandes zu retten. Das ist verständlich, erleichtert es doch vermeintlich die Arbeit. Architekten gehen anders an einen Umbau heran. Sie werden immer versuchen, die Gesamtaufgabe zu sehen, bei der eine fallende Wand oder ein zusätzlicher Dacheinschnitt keine Rolle spielen darf. Und das nicht, weil sie leichtfertig mit dem Geld ihrer Bauherrn umgehen. Im Gegenteil. Im Vordergrund stehen erst einmal die Wünsche des Bauherrn. Der Architekt wird versuchen, sie umzusetzen. Er wird aber den Bauherrn auch darauf aufmerksam machen, welche zusätzlichen Möglichkeiten unter dem Dach bestehen und welche Kosten bei deren Umsetzung zu erwarten sind. Schließlich gehören Rentabilitätsüberlegungen auch zu seinem Geschäft.

Die Projekte zeigen, wie variantenreich die Bauaufgabe Umbau sein kann und zu welchen überraschenden Lösungen eine ideenreiche Planung führen kann: Das reicht von der Wohnungszusammenlegung über mehrere Ebenen, die Anlage von Dachterrassen oder ganzen baumbestandenen Dachgärten über den Rückbau mangelhafter Einbauten, auch wenn diese erst wenige Jahre alt waren, bis zum Eingriff in das Dach mit dem Ziel, über den Dachumbau das gesamte Haus in seiner Architektur zu verändern, so daß es zum eigenen Kunstwerk wird. Übrigens auch ein Weg, um überhaupt eine Baugenehmigung zu erzielen, wie ein Beispiel aus Düsseldorf zeigt.

Sollen bei dem Umbau nicht nur ein paar Wände fallen, Decken für Galerien ausgeschnitten und die verborgenen Dachschrägen freigelegt werden, dann bedarf es auch beim Dachumbau der Vision des Architekten. Er weiß, was sich aus dem Bestand machen läßt, wird versuchen, die Geschichten, die das alte Gebälk erzählt, zu bewahren oder vielleicht auch erst wieder sichtbar zu machen. In diesem Fall wird er die neuen Einbauten eher als Implantate begreifen, die behutsam eingefügt werden, so wie es ein Beispiel aus der Schweiz zeigt. Oder aber der Bestand ist nur willkommene Hülle, unter der sich eine ganz neue Innen-Außenraumkonzeption verwirklichen läßt. Diesen Spielraum zum Träumen sollte sich jeder Bauher erst einmal nehmen. Das Budget wird dann ohnehin schnell den realistischen Rahmen abstecken.

Wir wollen nicht in jedem Fall der großen Lösung das Wort reden, im Gegenteil. Wir wollen vielmehr zeigen, zu welch überraschenden Ergebnissen eine gute Planung führen kann – unabhängig von der Höhe des Budgets.

Die Dachaufstockung: *Wohnungen schaffen durch bessere Grundstücks-ausnutzung*

Eine bisher noch viel zu wenig genutzte Möglichkeit, Wohnraum unter dem Dach zu schaffen, ist die Aufstockung. Sie ist die interessanteste, aber auch die in jeder Hinsicht schwierigste, wie die hier vorgestellten Projekte zeigen.

Unter einer Aufstockung versteht man in erster Linie den nachträglichen Aufbau eines neuen Geschosses auf einem vorhandenen Gebäude. Es gibt dafür ganz unterschiedliche Gründe. Die wesentlichen sind: Bessere ökonomische Ausnutzung des Grundstücks durch zusätzliche, vermietbare Flächen, der Wunsch nach einer Verbesserung der Architektur oder die Korrektur von Baumängeln. Die Lösung können ein oder mehrere zusätzliche Geschosse sein, der Aufbau eines neuen geneigten, statt eines flachen Daches oder auch die Anhebung des vorhandenen, um mehr Raumhöhe zu gewinnen, zum Beispiel für den Einbau einer Galerie.

Viele zerstörte Gebäude in den Innenstädten erhielten aus Kostengründen in der Wiederaufbauphase der fünfziger Jahre erst einmal provisorische flache Notdächer. Unterkunft war wichtiger als Architektur. Und da nichts länger andauert als ein Provisorium, so gibt es hier bis heute viele Narben und Baulücken, die häßlich und störend wirken. Jetzt bietet sich endlich die Chance, daß sie geschlossen werden. Der Bedarf an Wohnungen und die zunehmende Sensibilisierung für die Qualität unserer gebauten Umwelt treffen zusammen. Es kommt zur lange überfälligen Reparatur dieser städtebaulichen Schwachstellen. Eine solche Reparatur kann der Wiederaufbau der ursprünglichen Gebäudeform sein oder aber auch zu ganz neuen, mehrgeschossigen und maßstabgebenden Lösungen führen: eine Herausforderung für Bauherrn und Architekt gleichermaßen.

Eine weitere Möglichkeit der Aufstockung ist das Aufsatteln eines neuen Daches. Die dogmatische Diskussion der Frage »Flachdach oder geneigtes Dach«, in der Vergangenheit heftig diskutiert (das flache Dach als Zeichen für Fortschritt und Überwindung des Heimatstils) ist anderen, besonneneren Überlegungen gewichen. Der Wunsch nach Einbindung des eigenen Hauses in die Architektur der Nachbarschaft, in das Gesamtensemble, hat sich weitgehend durchgesetzt – die wilden Jahre sind vorbei, gefragt ist Qualität.

Naheliegender ist oft einfach nur der Wunsch vieler Hausbesitzer, endlich ein dichtes Dach über dem Kopf haben zu wollen. Die Erfahrungen, die so mancher Bauherr mit seinem mangelhaft ausgeführten Flachdach gemacht hat, führen jetzt häufig zum Ersatz durch eine kontrollierbarere, weniger anfällige Dachform, das geneigte

Dach, das das Wasser sicher mit Gefälle ableitet. Gleichzeitig eine willkommene Gelegenheit, den entstehenden Raum unter dem neuen Dach für attraktives Wohnen zu nutzen. Aber auch eine gute Möglichkeit, architektonische Mängel im Rahmen einer gesamten Sanierung zu beheben und dem Gebäude ein ganz neues Gesicht zu geben.

Eine Aufstockung ist in jedem Fall ein wesentlicher Eingriff in die Bausubstanz. Er muß baurechtlich geklärt und genehmigt werden. Angesichts des angespannten Wohnungsmarktes wird einem solchen Gesuch heute aber sehr viel eher stattgegeben als noch vor einigen Jahren. Stadtplanungsbehörden begrüßen solche Vorhaben, wenn sie das Straßen- oder Stadtbild vervollständigen und die Sünden der Vergangenheit beheben helfen.

Der Bau eines ausgebauten Daches bringt zusätzliche Lasten – Eigengewicht und Nutzlasten – auf die vorhandenen tragenden Bauteile des Hauses. Alte Bauten sind zumeist jedoch aufgrund überdimensionierter Mauerstärken in der Lage, diese Lasten aufzunehmen. Eine vom Statiker erstellte Bestandsstatik gibt darüber sehr schnell Auskunft. Gegebenenfalls müssen einzelne Konstruktionsteile verstärkt oder aber zusätzliche, lastabtragende Bauteile eingeführt werden. Hier sind dann die phantasievollen Konstrukteure gefragt, die das Unmögliche möglich machen.

Ausbau

Wohnen unter dem Dach

Siebenundzwanzig Projekte

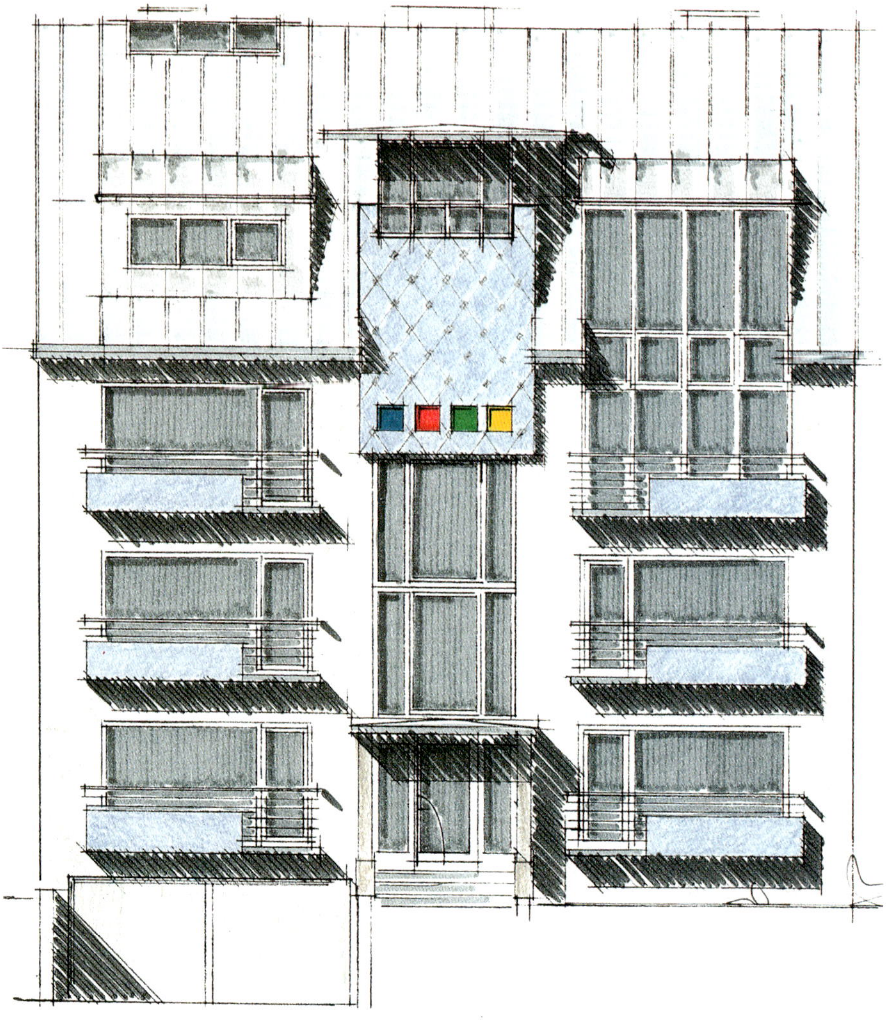

Ausbau bedeutet, wie die Entwurfsskizze zeigt, die Umwandlung leerstehender Abstellräume unter dem Dach zu vollwertigen, interessanten Wohnungen.
Architekt: Hans H. Seibold, Hamburg

Dachausbau eines kleinen Einfamilienhauses

Architekt: Mathias Schründer, Hamburg

Der Westen Hamburgs ist ein begehrtes Wohngebiet, grün und urban zugleich, mit dem besonderen Vorteil, daß es hier noch keine Parkplatzprobleme in den Wohnstraßen gibt.

Es lag also nahe, den leerstehenden Dachboden des Hauses daraufhin zu überprüfen, ob ein Ausbau lohnt. Bei einer Bruttogrundfläche des Geschosses von ca. 75 und einer Nettofläche von knapp 50 Quadratmetern eine durchaus offene Frage, da der Aufwand bei einem flach geneigten Walmdach doch erheblich ist.

Die Umbaumaßnahme sollte auch noch den Effekt bringen, das eher bescheiden wirkende Haus in seiner Nach-Heimatstil-Architektur aufzubessern. Der bauliche Eingriff zeigt eine beachtliche Wirkung. Die großen Rundgauben heben das Haus förmlich an, betonen die Symmetrie und machen es bedeutungsvoller. Der leicht vorspringende Brüstungsbereich mit seinem dezenten Ziegelschmuck und die Kupferdeckung zeigen eine neue Hingabe für das Haus, dessen gesamte Sanierung jetzt als zweiter Schritt die Konsequenz ist.

Es ist als interessante Lösung eine kleine, aber trotzdem besonders großzügige Wohnung entstanden, deren vier Lebensbereiche durchaus eine räumliche Begrenzung und Geschlossenheit erhalten haben.

Der Funktionsblock in der Mitte um den vorhandenen Schornstein ist Küche, Arbeitsplatz und kunstvolles Möbel zugleich. Von der Kochseite abgewandt ist die Schlafinsel in einer eher geschützten Zone untergebracht, dafür aber mit weitem Blick über die Diagonalen. In den großen Tonnengauben, die den Dachcharakter auflösen, liegen nach Osten der Eßplatz und nach Westen, mit Aussicht in den Garten, der Wohnbereich.

Ort: **Hamburg**
Haustyp: **Kleines Zweifamilienhaus von 1950**
Wohnfläche: **50 Quadratmeter**
Bauzeit: **6 Monate im Jahr 1990**
Bauweise: **Aufbau der Tonnengauben als Holzkonstruktion mit Kupferdeckung. Verstärkung des Holzdachstuhls durch Strahlträger und Stützen, da sich die Zimmermannskonstruktion statisch nicht nachweisen ließ. Neueindeckung mit großen Tonpfannen in Pappdocken verlegt, voutenförmige Aufmauerung im Bereich der Gauben mit anthrazit glasierten und normalen Ziegeln.**

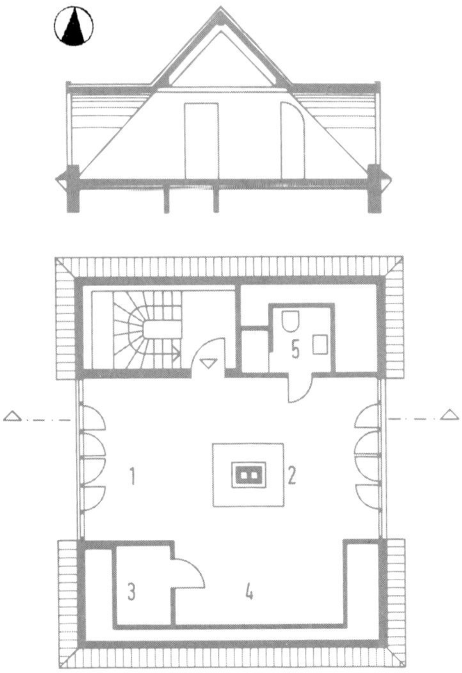

Die klare, dreiteilige Grundrißgliederung mit der durchgehenden Dachtonne spiegelt sich in der Fassade wider. Schnitt und Grundriß der Einraumwohnung im M. 1: 200, 1 Wohnen, 2 Küchenblock, 3 Abstellraum, 4 Schlafen, 5 Bad.

Mittelpunkt des Grundrisses ist der den Raum in unterschiedliche Nutzungsbereiche gliedernde Küchenblock.

Trotz des geringen Flächenangebots ergeben sich auf beiden Seiten des teilenden Küchenblocks eigenständige Wohnbereiche, die durch die großen, der Tonnenform folgenden Fensterwände belichtet werden.
Oben: Die Dachschrägen verlangen unter Umständen auch neue Formen für Türöffnungen.

Dachausbau eines Mietshauses

Architekt: Jürgen von Brandt, Aachen

Eine ungewöhnliche rechtliche Situation: Der unausgebaute Dachboden wurde zu einem sehr günstigen Preis als Eigentumswohnung verkauft. Als Gegenleistung übernimmt der Käufer die Verpflichtung, stets für ein intaktes Dach zu sorgen. Bei richtiger Planung und Wartung ein kalkulierbares Risiko und sicher kostengünstiger als so manche Konstruktion mit dem vielversprechenden Namen »Gemeinschaftseigentum«.

Der Dachboden mit einer Fläche von etwa 105 Quadratmetern wurde erst einmal in Eigenleistung restlos entkernt. Die vorhandene Struktur aus tragenden Wänden und Dachstuhl ergab dann eine ganz selbstverständliche Planung: Auf relativ geringer Fläche sollte zumindest der Eindruck einer großen Wohnung entstehen.

Für den Einzug einer Galerieebene war das Dach zu niedrig, es reichte nur für eine Schlafempore über dem Bad. Das verbleibende Raumangebot wurde daher nicht nur offen gestaltet, es wurden darüber hinaus einige gestalterische Mittel eingesetzt, die ganz selbstverständlich klingen, die aber nur bei wirklich konsequenter Anwendung auch den Erfolg bringen: Alle Räume reichen in ganzer Höhe bis unter das Dach, weitgespannte Fachwerkträger unterstreichen Weite und Höhe, alle Wände zum Schlafbereich und zum Arbeitszimmer wurden über einer Höhe von 2,50 Metern verglast, um die Blickachsen zu verlängern. Auch der diagonal verlegte Parkettboden betont die Grundrißtiefe. Die großen weißen Flächen der inneren Dachverkleidung entmaterialisieren die Konstruktion ebenso wie das schlanke sichtbare Balkenwerk.

Die notwendigen Schrankflächen konnten in den Raumteilern zur Küche untergebracht werden, ansonsten ist die Möblierung äußerst sparsam eingesetzt worden: Nirgendwo soll der Blick verstellt werden. Hoch ausgeschnittene Gauben, die auch in der Außenzone dem Auge immer wieder senkrechte Flächen anbieten, und die große Glastür zur Dachterrasse lassen reichlich Licht und Sonne herein. Abends betonen die bis in den First ausgeleuchteten Dachschrägen die Höhe des zeltartigen, offenen Wohnraumes.

Ort: **Aachen**
Haustyp: **Mietshaus von 1910**
Wohnfläche: **105 Quadratmeter**
Bauzeit: **1989/1990**
Bauweise: **Kostengünstiger Ausbau des Dachbodens mit hohem Anteil an Eigenleistung, komplette technische Neuinstallation, Dachdämmung, zwischen den Sparren mit flächiger Verkleidung, neue Dachdeckung mit Garantieübernahme als Gegenleistung für günstigen Kaufpreis.**

Schnitt und Grundriß im M. 1: 200. Der Schnitt zeigt eine gut ausnutzbare Kombination von Mansarddach und flachgeneigtem Pfettendach. 1 Diele, 2 Essen, 3 Arbeiten, 4 Wohnen, 5 Küche, 6 Bad, 7 Schlafen, 8 Terrasse.

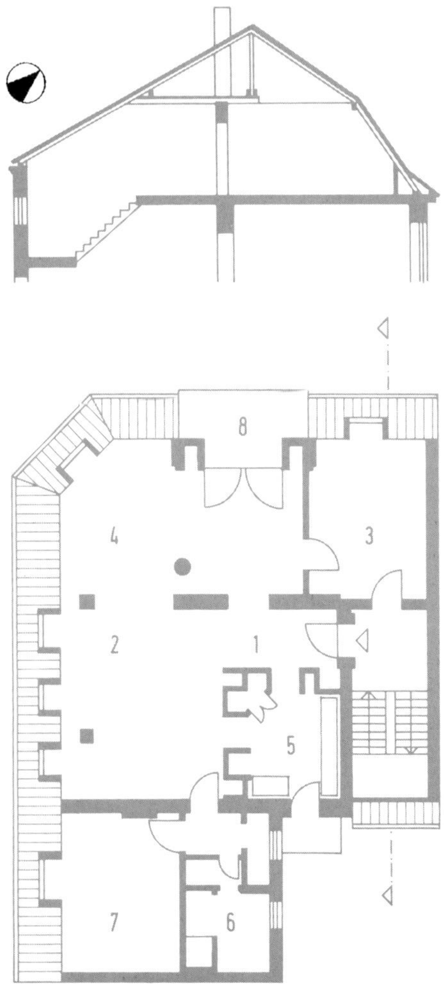

Die Fotos belegen die Vorteile des Mansarddaches für die Nutzbarkeit und die Raumbildung, die hier durch den durchlaufenden Gitterträger aus Holz akzentuiert werden. Konstruktive und raumbildende Bauteile sind durch die unterschiedliche Materialwahl deutlich voneinander getrennt. Das alle Räume verbindende Element ist der diagonal verlegte Parkettboden.

Ausbau zur Single-Wohnung

Planung: P.I.S.A. GmbH, Hamburg

Der voluminöse Dachraum eines großen Jugendstil-Wohnhauses konnte etappenweise zu Wohnungen ausgebaut werden. Die kleinste, mittlere Wohnung, liegt nach Westen hinter der hohen Ziergiebelscheibe im Flachdachbereich des Mansarddaches.

Der vorhandene prachtvolle Aufzug führt bis in die letzte Vollgeschoßebene, eine großzügige Treppe erschließt die ehemaligen Bodenräume. Allein dies ist eine einladende Qualität, die kein Neubau bieten kann.

Ort: **Hamburg**

Haustyp: **Mehrfamilienhaus von 1910**

Wohnfläche: **50, Galerie 15 Quadratmeter**

Bauzeit: **1989**

Bauweise: **Ausbau mit Dämmung der vorhandenen intakten Dachkonstruktion, Einschneiden von Oberlichtern und Öffnen der Dachflächen des Mittelrisalits für geneigte Dachfenster.**

Zentrales Entwurfskonzept der »Einraumwohnung« ist ein mitten in den Grundriß gestellter gefliester Block, der die Abtrennung des Eingangsbereiches markiert, Garderobefunktion und die Unterbringung der Haustechnik übernimmt. Gleichzeitig bildet er den Rücken für die zur zweiten Ebene führende Stahltreppe.

Im Gegensatz zu dem massiven Block steht die filigrane Abspannung und Plattform der Galerie, für die wegen der begrenzten Raumhöhe eine schlanke Deckenkonstruktion gewählt werden mußte, die am Treppenhauskern aufliegt und raumseits an zwei runden Stahlrohren abgehängt ist. Die baurechtlich notwendige Feuerschutzfähigkeit bietet im Brandfalle der selbst aufschäumende Anstrich.

Durch das große ästhetische Angebot an vielfältig geneigten Flächen, Fensterformen und klar ablesbar optimierten Einbauten ist eine qualitätvolle Stadtwohnung entstanden, deren Raumqualität, Lage und Ausblick für die geringe Grundfläche entschädigen.

Die aus dem Rahmen dieses Grundrisses fallende, schräge Raumecke wird durch die besondere Form des Lichtbandes unterstrichen. Grundriß der Einraumwohnung im M. 1:200, 1 Wohnen, 2 Küche, 3 Bad, 4 Galerie, 5 Bodenraum.

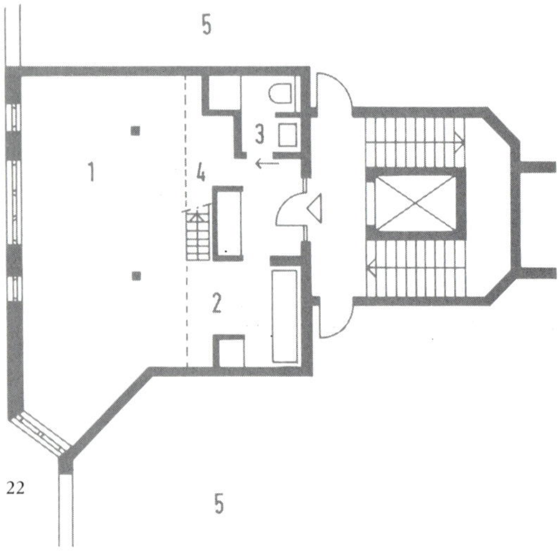

Die Wände unterschiedlicher Nutzungsbereiche werden besonders betont: Fliesen für die Küche, Putzflächen für die übrigen Bereiche.

Links: Trotz des räumlich begrenzten Grundrisses entsteht durch Minimierung der Nebenräume, durch Einbauten zusammen mit dem Belichtungskonzept eine großzügige Raumlösung.
Oben: Blick in die offene Küche, deren Arbeitsplatte gleichzeitig als Bartresen genutzt werden kann.
Auch im kleinen Bad schaffen Lichtelemente und Spiegelflächen die Illusion von Großzügigkeit.

Ausbau eines Doppelhauses

Innenarchitekt: Wolfgang Becher, Bayreuth

Erhöhter Raumbedarf und gestiegene Ansprüche an die Wohnqualität führten zum Ausbau dieses Daches in einem Mehrfamilienhaus aus dem Jahre 1914. Die darunterliegende Wohnung im letzten Vollgeschoß sollte mit der Dachebene verbunden werden.

Die Aufgabe war, im Rahmen der vorhandenen Dachstruktur einen großen Wohnraum mit Kaminplatz, eine offene, in den Eßraum übergehende Küche, ein Gäste-WC, einen Arbeitsraum, einen Abstellraum sowie eine gut besonnte Dachterrasse unterzubringen. Besonderer Wert sollte auf die Belichtung gelegt werden, vor allem auf die Orientierung der Räume zur Nachmittags- und Abendsonne. Diese Qualität wurde in der unteren Wohnung bisher vermißt. Dies aber sollte unter möglichst geringen Eingriffen in die vorhandene Bausubstanz realisiert werden. Eine breite neue Treppe führt in die Diele des Dachgeschosses, von der aus Küche, Arbeitsraum und der neue große Wohnraum erschlossen werden. Im Winkel von Arbeits- und Wohnraum ergab sich eine Terrasse für wechselndes Sonnenlicht, die aufgrund der Winkellage einen besonders guten Wind- und Sichtschutz bietet. Küche und Eßplatz sind zu einer offenen Raumfolge zusammengefaßt.

Aus der Küche führt eine geschickt als Schrank genutzte Treppe in den Spitzboden. Der große Wohnraum, durch die vorgelagerte Dachterrasse auch optisch noch erweitert, wird durch den offenen Kamin und die Holzstützen der Dachkonstruktion gegliedert. Die alte Holzständerkonstruktion taucht auch in Küche und Eßplatz wieder auf, so daß trotz aller Veränderungen und Einbauten die alte Bausubstanz noch erkennbar bleibt. Das macht besonders am Eßplatz mit seiner zeltartigen Ständerkonstruktion den besonderen Reiz des ehemaligen Dachbodens aus.

Ort: **Bayreuth**
Haustyp: **Doppelhaushälfte von 1914**
Wohnfläche: **200 Quadratmeter**
Bauzeit: **April - September 1985**
Bauweise: **Ausbau des vorhandenen Holzpfettendachstuhls, Neudeckung mit Tonziegeln, Wärmedämmung und Einbau einer Ganzglasgaube und einer Dachterrasse.**

Hinter diesem kleinteiligen Dach verbirgt sich eine großzügige Stadtwohnung. Grundriß der Wohnebene im M. 1:200, 1 Abstellraum, 2 Terrasse, 3 Arbeitsraum, 4 WC, 5 Diele, 6 Abstellraum, 7 Küche, 8 Wohnen, 9 Essen.

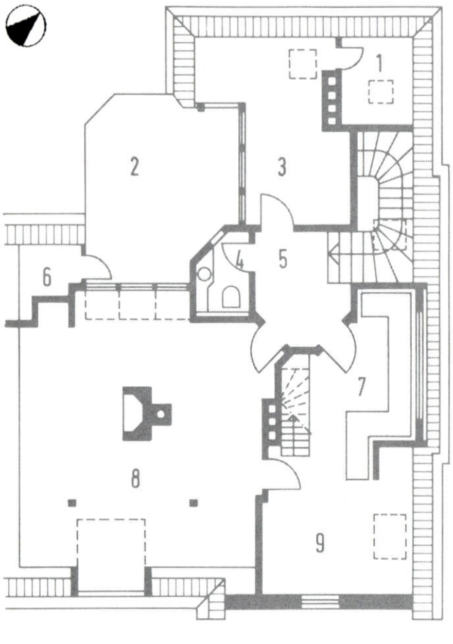

Links: Eine Treppe, die zum Schrank ausgebaut wurde. Durch die geschickte Ausnutzung von Restflächen und Vermeidung von Fluren konnte die Großzügigkeit im Grundriß erreicht werden.
Unten: Der Kaminplatz ist Mittelpunkt des großzügig belichteten Wohnraumes.
Zwischen das alte Holzständerwerk wurde der Eßtisch aufgehängt, so daß störende Tischbeine entfallen.
Zwischen geschickt untergebrachten Waschbecken führen Stufen zur erhöhten Badewanne, unter der die Leitungsrohre verlaufen.

Stadterneuerung – auch durch Dachausbauten

Architekt:

Hans Häusler, Wien

Das große alte Mietshaus liegt im Zentrum des dritten Gemeindebezirks in Wien. Hier ist überall der Wunsch nach Stadterneuerung spürbar. U-Bahnbau, wirtschaftliche Attraktivität, belebtes Stadtbild, großzügiges Angebot an gerade eingerichteten Tiefgaragen und der Ausbau von Dachgeschossen gehen Hand in Hand: Die Innenstadt ist wieder gefragt.

Zwei Wohneinheiten, eine mit Einliegerwohnung, konnten unter dem Dach ausgebaut werden. Aus baurechtlichen Gründen – die Genehmigung ist dann wesentlich einfacher – sollte auf eine Veränderung des Dachstuhls verzichtet werden. Beeindruckend ist die Höhenlage des Projektes: Sie erlaubt einen wunderbaren Rundblick über die Stadt. Das Gestaltungsprinzip der gezeigten Wohnung beruht auf durchgängigen Raumfolgen, mit Fensteröffnungen nach vielen Richtungen, Lichtdurchflutung der Innenräume und sparsamer heller Materialgebung, um die Wirkung des Lichtes in der Plastifizierung der Räume vollkommen zu machen: weiß reflektierende Wände und ein heller Sölker Marmor in den gemeinsamen Bereichen Wohnraum, Eßplatz und Küche, alle anderen Räume erhielten ein warmtoniges Buchenparkett.

Nach Möglichkeit wurde die Dachform in voller Höhe bis zum First ausgenutzt, um wirklich auch das Raumerlebnis der traditionellen Wiener Wohnungen zu erreichen, allerdings gesteigert um die bevorzugte Lage.

Eine interessante Besonderheit weist die Deckenkonstruktion auf. Altes Dachstuhlgespärre, die Dachflächenentwässerung, die Höhe der Drempel und die neu, massiv anzulegenden Terrassenflächen machen in der Regel den Einbau einer ganz neuen Decke notwendig. Hier wurde daher im Abstand von fünfzig Zentimetern zum alten Boden eine neue Hohlkörperdecke mit Stahlträgerunterstützung eingezogen. Dadurch war es möglich, alle Zwischenwände konventionell zu mauern, was nicht nur einen besseren Schallschutz, sondern auch ein stabileres Raumklima unter dem Dach schafft.

Ort: **Wien**
Haustyp: **Großes Wiener Mietshaus aus der Jahrhundertwende**
Wohnfläche: **350 Quadratmeter für zwei Wohnungen, eine mit Einliegeranteil**
Bauzeit: **12 Monate in 1990**
Bauweise: **Dachausbau unter Verwendung des vorhandenen Dachstuhls, Aufbau einer neuen Geschoßdecke aus konstruktiven Gründen, konventionell gemauerte Innenwände. Sonnenschutz als kombinierte Beschattungsanlage und Geländer.**

Schnitt und Grundriß im M. 1:400. Es handelt sich um zwei an einem gemeinsamen Treppenhaus liegende Dachwohnungen, deren innenliegende Treppen zu Galerien führen. 1 Diele, 2 WC, 3 Schlafen, 4 Bad, 5 Wohnen, 6 Arbeiten, 7 Küche, 8 Schlafen, 9 Sauna, 10 Essen, 11 Dachterrasse, 12 Lichthof.

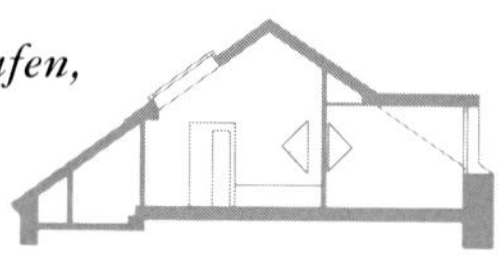

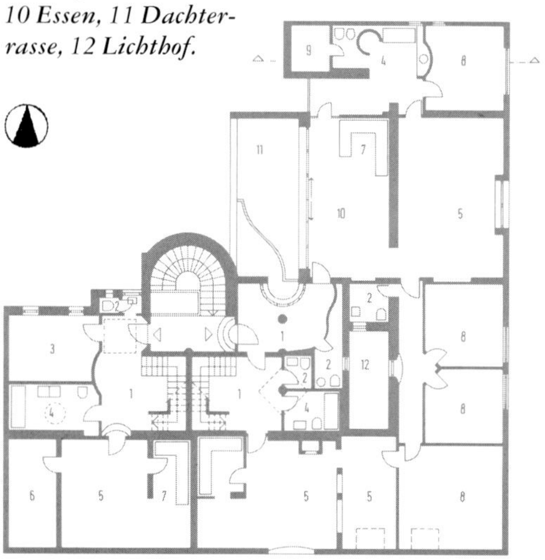

Der Reiz einer Dachgeschoßwohnung liegt häufig im Einbau einer großzügigen Dachterrasse, auf die normale Geschoßwohnungen verzichten müssen. Gleichzeitig erweitert diese Terrasse die Dachgeschoßwohnung um einen zusätzlichen Außenraum.

Die noch sparsam möblierte Wohnung zeigt, welche Wirkung von der alten Dachkonstruktion und ihren angepaßten Verkleidungen ausgehen kann.

Links: Der Ausbau eines Daches führt häufig zu einer Formensprache, die eine Geschoßwohnung in der Regel nicht bieten kann. Herrscht in der Geschoßwohnung der rechte Winkel vor, werden hier die Räume von Rundungen, Bögen, Schrägen und offenen Winkeln bestimmt, so auch im Bad und in der Eingangshalle

Dachausbau zu zwei Wohnateliers Teil A

Architekten: Dinse • Feest • Zurl, Hamburg

Der ehemalige Dachboden, Abstellraum für zehn Mietparteien, erscheint durch die 45°-Neigung des Daches enorm großzügig. Durch diese Höhe war es möglich, beim Ausbau mit Galerieebenen zu arbeiten, die allerdings aus Brandschutzgründen zum unteren Gesamtraum offen gestaltet werden mußten, weil die obere Geschoßebene sonst bereits unter die Hochhausrichtlinien mit verschärften Bedingungen gefallen wäre.

Somit schweben die Galerieebenen als kleine, durch eine Brücke verbundene Insel im hohen Dachraum, beziehungsweise dienen einer im oberen Bereich angeordneten Bibliothek lediglich als Erschließungsgang. Große Fensterfelder über die gesamte Dachhöhe mit kleinen bekiesten Austritten geben reichlich Licht in den Raum und betonen auch hier die gewaltige Höhe. Der alte Bodenraum wurde in zwei Wohnateliers aufgeteilt. Eines im »Längsschiff« und das andere im kürzeren »Querschiff«, in die die Rotunde des Eckbereiches einbezogen wurde. Lediglich am Kopfende wurde die Dachhaut für einen wintergartenähnlichen Aufenthaltsbereich entscheidend aufgebrochen. Dieser wird durch eine mehrteilige leichte Schiebetüranlage vom Hauptaufenthaltsraum abgetrennt.

Ort: **Hamburg**
Haustyp: **Großes Mietshaus**
Wohnfläche: **200 und 160 Quadratmeter**
Bauzeit: **1989**
Bauweise: **Ausbau des 45° Dachraumes zu zwei Wohnateliers mit offenen Galerien.**

Die Atmosphäre im Atelier wird hauptsächlich durch helles Buchenparkett, einige zartgrüne Teppichinseln und Stahl- und Glaselemente für Einbauten und Möbel bestimmt. Statt Fliesen wurde im Bad Drahtglas in Edelstahlrahmen als Gestaltungs- und Funktionsflächen eingesetzt. Halogenlicht aus kleinsten Einbauleuchten, gemischt mit einzelnen schlichten Lichtobjekten, bestimmen nachts die sanfte Atmosphäre.

Die Lackarbeiten im Wintergarten wurden in Pastelltönen gehalten: Hellblau, ein fahles Gelb, zartes Rosa und ein pastelliges, kaltes Grün.

Das kleine Wohnatelier hat ebenfalls das fast durchgängig verlegte, zartrötliche Buchenparkett, lediglich das Bad und dessen Erschließungsbereiche sind erhöht und in schwarzem Granit ausgebildet.

Auch hier bestimmten Stahltreppe, Geländer und eine kleine Brücke über dem Eingangsbereich, grüne, geätzte Glaselemente und Halogenlicht die Raumwirkung. Die

Schnitt und Grundrisse im M. 1:400. Zwei ungleich große Wohnungen mit Galerieebenen gruppieren sich um das vorhandene Treppenhaus. 1 Wintergarten, 2 Essen, 3 Bad, 4 Küche, 5 Wohnen, 6 Wohnen, 7 Luftraum.

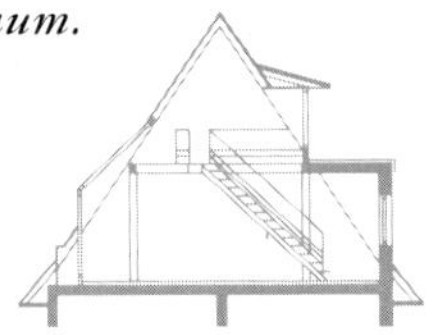

Oben: Ein Höchstmaß an Transparenz und Offenheit wird in dieser Wohnung durch die sparsam detaillierte Treppe und die gläsernen Galeriebrücken erreicht.
Die Ausnutzung selbst der Dachspitzen führt zu einem optimalen Flächenangebot und reizvollen Räumen.
Eine von der Norm abweichende Badeinrichtung, die von Ideenreichtum und besonders sorgfältiger Detailbearbeitung der Planer zeugt.

Dachausbau zu zwei Wohnateliers Teil B

Anordnung in dieser Wohnung ist strenger und mehr linear auf die Rotunde bezogen, die hier die Besonderheit des Wohnateliers ausmacht.

Die wenigen, gut aufeinander abgestimmten Möbel unterstreichen die Strenge der Raumaufteilung und vermitteln dennoch eine angenehme Atmosphäre.

In Wohnung B sind vom selben Architekten die gleichen Gestaltungselemente, jedoch in abgewandelter, auf die andersartige Wohnung bezogener Form eingesetzt worden. Besonders reizvoll ist das Gegenüber von Stahlbauteilen, Holzboden und glatt verkleideter Holzkonstruktion.

Stahl und Drahtglas, sauber detailliert, bilden die herausragenden Elemente des kleinen Bads und vermitteln durch ihre Transparenz einen größeren Raum. Die Dachgeschoßwohnung führt zu Raumhöhen, die eine normale Geschoßwohnung nicht bieten kann. Die sichtbar gelassene Konstruktion des Dachtragwerks wird zu einem reizvollen plastischen Gebilde. Die über dem Wohnraum schwebende, schmale Galerie nimmt die Bibliothek auf, deren Konstruktion das Material und die Form der übrigen festen Einbauten wiederholt.

Ausbau eines Mehrfamilienhauses

Architekt: Christian Vollbracht, Hamburg

Die Planungsaufgabe, eine großzügige Wohnung in das Dachgeschoß dieses Mehrfamilienhauses einzubauen, unterlag schwierigen baurechtlichen Bedingungen, da das Haus in einem Milieuschutzgebiet mit Veränderungssperre liegt. Die Genehmigung des Entwurfes konnte nur über Befreiungsanträge erreicht werden: Für den Einbau einer Galerie (Nutzflächenerweiterung), für den Bau eines zusätzlichen, wintergartenähnlichen Glasdaches über dieser Galerie, für die Unterschreitung des geforderten Fensterflächenanteils von 1/8 der Grundfläche in der Küche und in einem der Kinderzimmer sowie für den Einbau neuer Dachflächenfenster. Die Grundrißgestaltung weicht im Eingangsbereich von herkömmlichen Wohnungsgrundrissen ab. Der Zugang zur Wohnung führt direkt in den offenen Wohnraum, wodurch ein besonders großzügiger und überraschender Eindruck entsteht. Der symmetrisch angelegte Grundriß erfährt seine strenge Gliederung durch das Ständerwerk der Galerie und den axial angeordneten Zugang auf das Podest. Durch halbhohe Bücherborde wird hier ein eigener abgeschlossener Bereich gebildet. Von dem großen Zentralraum führt ein auf das notwendige Maß begrenzter Flur in eine von oben belichtete, quadratische Aufweitung, die den zellenartigen Rückzugsbereich der Wohnung ankündigt. Über der offenen Küche liegt die neu eingezogene Galerie, die über eine gußeiserne Spindeltreppe, ein Fundstück des Bauherrn, erreichbar ist. Die Formenvielfalt dieser »perforierten« Spindel bestimmt wie eine große Plastik den weiten Raum. Eine zweite kleine Treppe erschließt die große Dachterrasse. Von hier aus gibt es bei klarer Sicht einen phantastischen, kilometerweiten Rundblick über die Stadt.

Ort: **Hamburg**
Haustyp: **Städtisches Mehrfamilienhaus**
Wohnfläche: **160 Quadratmeter**
Bauzeit: **Dezember 1989 - Juni 1990**
Bauweise: **Vorhandener Holzdachstuhl durch Stahlkonstruktion verstärkt. Galerieebene auf Holzständern. Glashaube aus Stahlprofilen mit Wärmeschutzverglasung. Dachterrasse mit Holzbohlen auf Lagerhölzern auf der Dachhaut.**

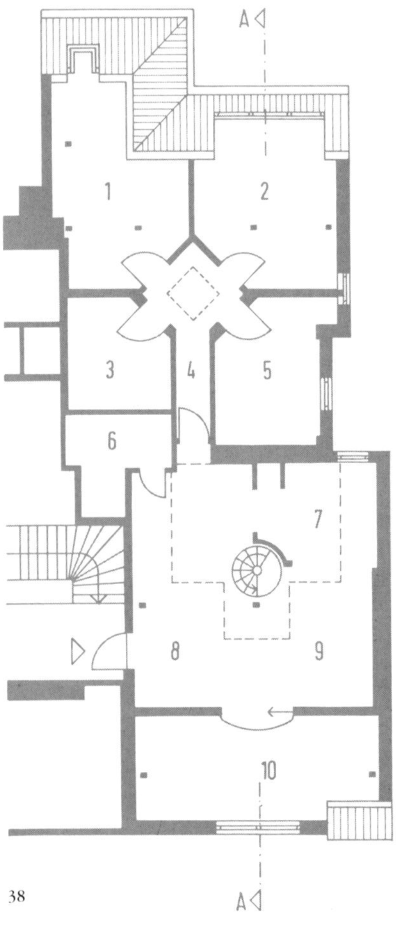

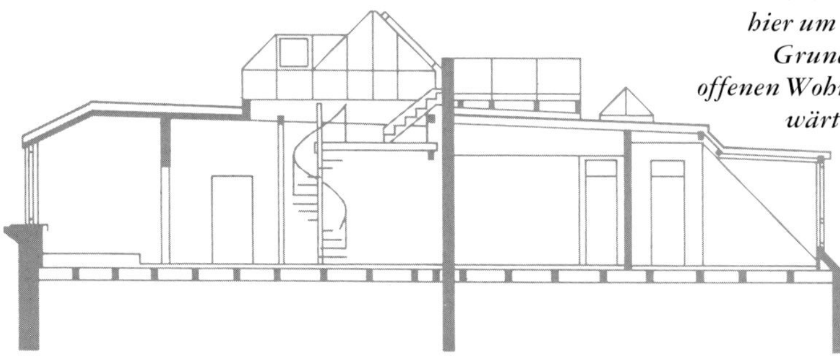

Schnitt und Grundriß im M. 1: 200. Es handelt sich hier um einen zweiteiligen Grundriß mit vorderem, offenen Wohnbereich und rückwärtigen, geschlossenen Räumen. 1, 2 Kind, 3 Bad, 4 Flur, 5 Schlafen, 6 Abstellraum, 7 Küche, 8 Flur, 9, 10 Wohnen.

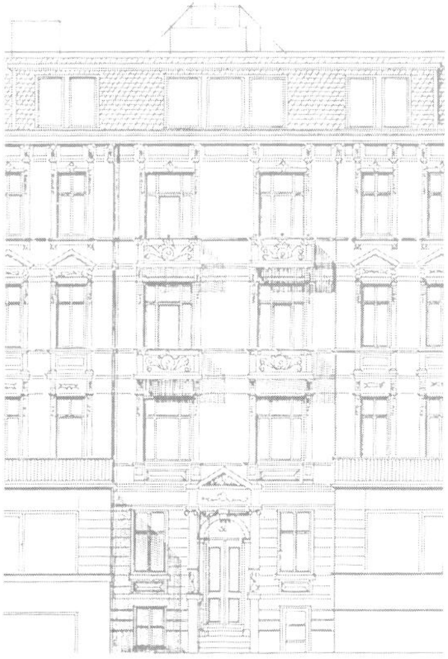

Ansicht der alten Fassade mit der neu ausgebauten Dachgeschoßzone.
Unten: Der offene Wohnraum gliedert sich in zwei Bereiche, deren optischer Blickfang eine alte gußeiserne Wendeltreppe ist. Die Sitzecke am Fenster ist durch eine Stufe und niedrige Brüstungswände, hinter denen sich Bücherregale verbergen, vom übrigen Bereich abgehoben.

Krönender Raumabschluß ist die der Treppenhausbelichtung nachempfundene Glashaube mit kleiner Galerie und Ausstieg zu der großzügigen Dachterrasse über der Stadt. Rechts unten: Der Blick von dem Podest der Sitzecke zeigt den achsial angeordneten Aufgang zur Dachterrasse.

Hauserweiterung mit Dachausbau

Architekt: Jo Franzke, Frankfurt

Haustyp: **Doppelhaus**
Wohnfläche: **130 Quadratmeter**
Bauzeit: **4 Monate in 1988**
Bauweise: **Konventionelles Holzsparrendach aus Leimschichtholz mit Gipskartonverkleidung.**

Die Dachwohnung des vorhandenen Altbaus war bereits ausgebaut und wurde – im Zuge der Erweiterung zu einem Doppelhaus – mit dem Dachgeschoß des neuen Hauses verbunden.

Die Dachkonstruktion des Bestandes ist eine Pfettenkonstruktion mit Holzstielen, die den Grundriß einengt und die Raumaufteilung und Wandstellung vorgibt. Der hinzugewonnene Dachraum für eine »Großraumwohnung« sollte dagegen möglichst offen und stützenlos sein. Aus diesem Grunde wurde eine Sparrendachkonstruktion gewählt, deren Last auf den neuen Drempel der Hauslängsseiten abgeleitet wird und so eine freie Grundrißfläche schafft.

Das Treppenhaus des Altbaus führt in einen Flur, an dem die »geschlossenen« Räume liegen, hinter denen sich dann im Neubauteil der offene Wohn-Eßbereich anschließt. Küche und Wohnraum werden über die in das neue Dach eingeschnittene Terrasse, durch einen gestuften Erker – eine zurückhaltende Hommage an die Hochhauswelt von Frankfurt – und durch den Giebel belichtet.

Eine Einschubtreppe am Haupttreppenhaus führt auf die im Altbauteil liegende Schlafempore für Gäste – auf der Kehlbalkenlage der alten Dachkonstruktion. Die gesamte Holzkonstruktion des neuen Daches ist mit gespachtelten, weiß gestrichenen Gipskartonplatten verkleidet, die das großzügig einfallende Licht auch in die dunkleren Eckbereiche reflektieren. Daher werden die tief ansetzenden, schrägen Wände auch nicht als störend und dunkel empfunden, wie dies häufig bei früheren Dachwohnungen der Fall war. Die Architektur des angesetzten Hauses paßt sich in Größe, Formen und Proportionen sehr zurückhaltend dem bescheidenen Altbaubestand der dörflichen Umgebung an.

Es ging hier nicht darum, einen auffälligen Kontrapunkt zu setzen, sondern die Rentabilität des vorhandenen Altbaus durch eine bessere Ausnutzung des Grundstücks zu erhöhen – und um zusätzlichen, qualitätvollen Wohnraum zu schaffen.

Schnitt und Grundriß der Hauserweiterung im M. 1: 200. Der Grundriß zeigt den Gegensatz zwischen kleinteiligem Altbaugrundriß und dem offenen Raum der Hauserweiterung.
1 Bad, 2 WC, 3 Schlafen, 4 Küche, 5 Flur, 6 Wohnen, 7 Gästezimmer, 8 Arbeitsraum, 9 Terrasse.

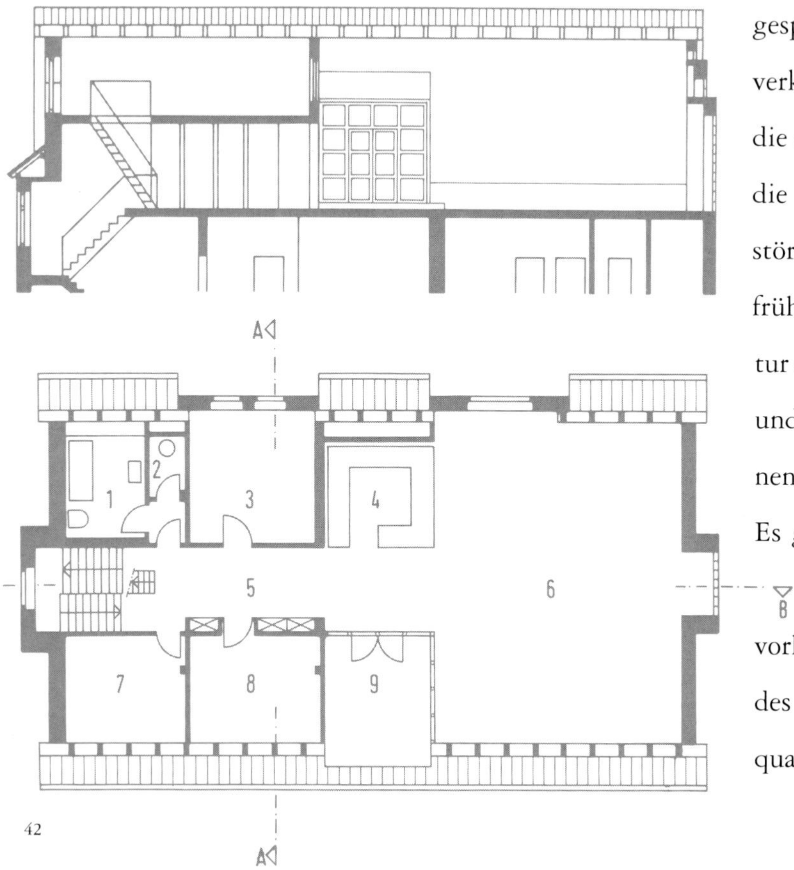

Neben der offenen Küche liegt der Eßplatz, der durch die Flächen der Dachgaube definiert wird.

Links: Vom erschließenden Treppenhaus des Altbaus führt eine enge Gangzone erlebnisreich in den großen, offenen Wohnraum, der zusätzlich durch einen neuen Giebelerker (unten) belichtet wird. Die eingeschnittene Dachterrasse bietet sowohl geschützten Freiraum als auch eine weitere Belichtungsquelle.

Der Dachboden eines Stadthauses

Planung: Arch-Bau GmbH, Hamburg

Der Dachboden dieses großen Mehrfamilienhauses war, wie ehedem üblich, großzügig in Abstell- und Nebenräume unterteilt. Die Aufgabenstellung hieß daher, neben dem Einbau einer Wohnung auch die Neugliederung der Abstellräume vorzunehmen und baulich abzutrennen.

Es sollten weite, offene Räume geplant werden, die Wohnen und Arbeitsmöglichkeit vereinen. Ein Raum sollte abtrennbar und wechselseitig als CD-Bibliothek und Gästezimmer nutzbar sein. Eine geschützte Dachterrasse als Gartenersatz und Aussichtsplattform war besonderer Wunsch des Auftraggebers. Der nahezu quadratische Gebäudegrundriß wurde dergestalt geteilt, daß sich die Wohnung U-förmig um die zur schlecht belichteten Hofseite angeordneten Abstellräume gruppiert. Über den neuen Bodenräumen, die nur eine lichte Höhe von 2,50 Meter benötigen, wurde die Dachterrasse angeordnet, die ins Dach eingeschnitten ist, so daß die Seitenwände, 1,50 Meter hoch, ausreichenden Wind- und Sichtschutz bieten.

Wohnraum, Koch-Eßbereich und Bibliothek sind ineinander übergehende Räume, die nur durch markante Gestaltungselemente untergliedert sind. So durch das trapezförmig angeordnete Treppenpodest im Aufgang zur Dachterrasse, die schräg gestellte Stahltreppe und die leuchtend blau lackierte Faltwand zum CD-Bereich. Eine Zonierung ergibt sich auch durch unterschiedliche Materialien und Höhenniveaus im Küchen- und Wohnbereich. Durch die sparsame Verwendung in sich ausdrucksstarker Materialien wie den Stahl, die Redpine-Dielen, den rosa Granit und die leuchtend blaue Falttür wurde ein spannungsreicher Gegenpol zu den schlichten weißen Wänden geschaffen.

Ort: **Hamburg**
Haustyp: **Mehrfamilienhaus von 1913**
Wohnfläche: **135, Dachterrasse 35 Quadratmeter**
Bauzeit: **1989/1990**
Bauweise: **Ausbau mit Dämmung der sonst intakten Dachkonstruktion, Aufbau einer Dachterrasse.**

Eine andere Ausbildung einer Galerietreppe.
Schnitt und Grundriß im M. 1: 200, 1 Wohnen, 2 Arbeiten, 3 Galerie, 4 Küche, 5 Hausanschlüsse, 6 Wäsche, 7 WC, 8 Schlafen, 9 Schrankraum, 10 Bad, 11 Abstellräume.

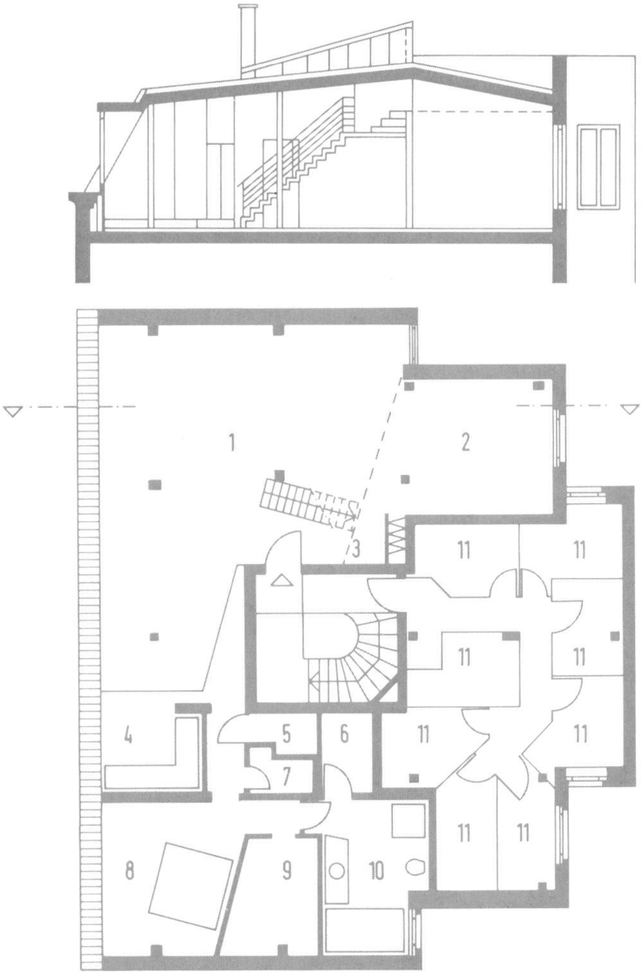

Galerietreppen werden in der Regel aus Gewichtsgründen gering dimensioniert. Diese Treppe ist zusammengesetzt aus addierten Stahlblechwinkeln und verleimten Schichtholzstufen. Die ungewöhnliche Fensterteilung ist aus der Gaubenform entwickelt worden: ausreichende Belichtung für den tiefen Grundriß.

Die oft gewünschte Offenheit von Grundrissen läßt sich temporär durch Einbauten wie flächige Fallwände aufheben.

*Im hinteren Teil
des offenen Wohnbereichs
liegt die kleine Pantry
mit Bartresen,
für den die vorhandene
Holzstütze mit ihrem
Querriegel als Auflage dient.
Das Material
des Pantrybodens
wiederholt sich
auf dem Bartisch.*

Dachausbau an der Berliner Uhlandstraße

Architekten:

Feige und Döring, Berlin

Ort: **Berlin**
Haustyp: **Großes herrschaftliches Wohnhaus von 1898**
Wohnfläche: **Teilwohnung mit 250, Gesamtumbau 960 Quadratmeter**
Bauzeit: **Dezember 1989 – September 1990**
Bauweise: **Neuaufbau und Ausbau des Dachgeschosses mit konstruktiver Verstärkung auch der Wohnungsdecken, Anlage von Galerie, Wintergärten und Dachterrassen.**

Als dieses Haus entstand, war die Uhlandstraße noch kaum bebaut. Um den Landschaftscharakter der Gegend zu erhalten, mußte »der an der Straße gelegene Teil von dieser durch ein Gitter getrennt und mit Ausnahme der notwendigen Wege als Vorgarten angelegt und dauernd erhalten werden«. Die Zeiten haben sich geändert, aber die Voraussicht des damaligen Architekten und Maurermeisters (Personalunion) hat sich bestätigt: Schon 1898 ließ er sich für das Dach den Ausbau genehmigen, der allerdings erst 1913 und sehr bescheiden ausgeführt wurde.

Was dann später die Zerstörungen in Berlin nicht geschafft haben, ließ 1955 das Baupolizeiamt Charlottenburg zu: Die Entdekoration (!) der Straßenfassaden, Abriß der geschwungenen Loggiabrüstungen, Abriß der Dachaufbauten und des Säulenportals. Und dennoch konnten all die Quälereien diesem Haus und seiner Lage den Charme nicht nehmen. Glücklicherweise ist die zweigeschossige Säuleneingangshalle erhalten, sie zeigt die Pracht des Wilhelminismus und kündigt das Lebensgefühl in diesem palaisartigen Haus an. Inzwischen hat man dazugelernt: seit 1986 steht das Gebäude mit dem äußeren Erscheinungsbild, der Grundrißgliederung und der wandfesten (!) Innenausstattung unter Denkmalschutz.

Der großzügigen Grundrißkonzeption der Vollgeschosse entsprechend, ist jetzt auch das Dach ausgebaut worden. Es sind zwei Bereiche entstanden – auch die Originalwohnungen hatten jeweils neun oder zehn Zimmer – die sich in Wohn- und Bürotrakt gliedern. Wir zeigen hier einen Teil der Wohnräume, die deutlich machen, welches Raumangebot und welche architektonischen Möglichkeiten die großen Reserveflächen unter den Dächern dieser Häuser für verantwortungsvolle und kreative Architekten bieten.

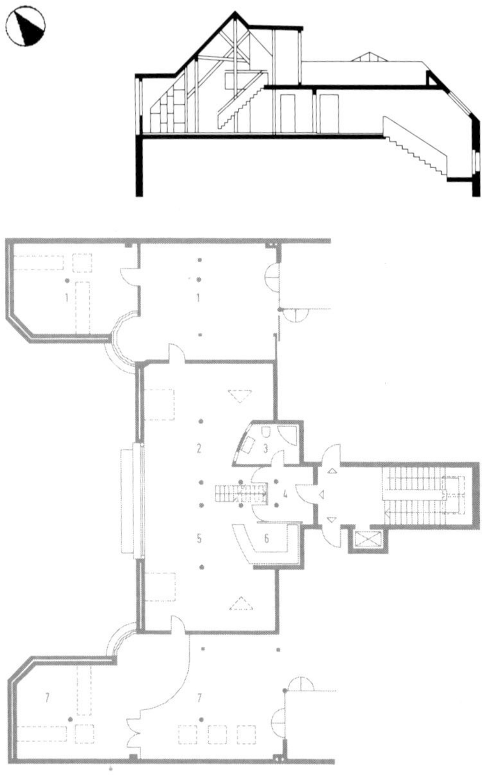

Grundriß und Schnitt im M. 1:400.
In den Fotos wird der mittlere Teil des Gesamtgrundrisses gezeigt.
1 Arbeiten, 2 Schlafen, 3 Bad, 4 Flur, 5 Wohnen, 6 Küche, 7 Arbeiten.

Ungewöhnlicher Ausblick in den hohen Dachraum mit Überschneidungen von Gebälk und Galerie (oben). Eine Reihe schlanker Stahlstützen trägt die nachträglich eingebaute Galerie und gliedert den zweigeschossigen Wohnraum in behagliche Raumbereiche unterschiedlicher Qualität.

Die großformatige, tonnenförmige Dachgaube wird zu einem eigenen Raum im Raum. Ihre Form wiederholt sich in der Galeriebrüstung. Die geschickte Anordnung und Form der Dachflächenfenster führt zur Belebung der großen, weißen Wandflächen.

Der Treppenaufgang erfährt eine Erlebnissteigerung durch das achsial angeordnete Fenster auf der Galerie.
Unter den freihängenden Flügeln der Galerie befinden sich Küche und Bad.
Der Grundriß wird noch durch eine großzügige Dachterrasse ergänzt.

Eigentums-wohnungen unterm Dach

Architekt: Rolf Leinweber, Berlin

Im leeren Dachboden dieses Berliner Mietshauses von 1908 konnten zwei Eigentumswohnungen geplant werden.

Der Grundriß über Vorderhaus und Seitenflügeln teilt sich jetzt in zwei Eigentumshälften, die in einem Zuge ausgebaut wurden – eine erhebliche Kostenreduzierung gegenüber zwei getrennten Einzelmaßnahmen. Die Entwurfsidee benutzt für beide Wohnungen ähnliche architektonische Mittel, dennoch wurden für beide Bewohner viele Ausbauteile wie Küchentresen, Badeinbauten, Schränke und Kamine eigens entworfen.

Vorgegeben war, daß die Straßenseite formal erhalten bleiben mußte. Dagegen ließen sich die Wohnungen zur Hofseite großzügig öffnen. So erlaubte das Hauptdach mit einer Firsthöhe von 5,50 Metern das Einziehen einer Galerieebene, die sich zu einer 40 Quadratmeter großen gemeinsamen Dachterrasse erweitert. Hierzu wurde der hofseitige Teil des Satteldaches angehoben. Ein Glashaus mit etwa 16 Quadratmetern Grundfläche mit kleiner Außenterrasse schiebt sich zwischen Hauptdach und Seitenflügel. Beide Wohnungen erhalten ihre Belichtung aus allen Himmelsrichtungen. Die wechselnden Lichtverhältnisse je nach Tageszeit und die Zweigeschossigkeit mit Außenbereichen auf beiden Ebenen

Ort: **Berlin**
Haustyp: **Fünfgeschossiges Berliner Mietshaus von 1908**
Wohnfläche: **je 155 Quadratmeter**
Bauzeit: **1988/1989**
Bauweise: **Ausbau des Dachgeschosses zu zwei Wohnungen mit gemeinsamer Dachterrasse, Erhaltung der Fassade zur Straße, Anhebung des Daches für den Einbau einer Galerieebene.**

Grundrisse im M. 1: 200,
1 Schrankraum, 2 Bad,
3 Abstellraum, 4 Schlafen,
5 Küche, 6 Schlafen, 7 Wohnen,
8 Diele, 9 Arbeiten.
Galerieebene, 1 Gast, 2 Bad

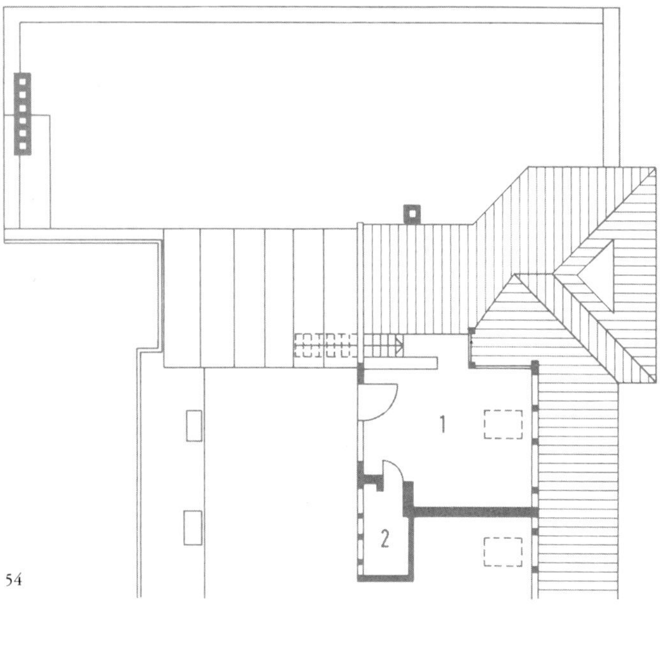

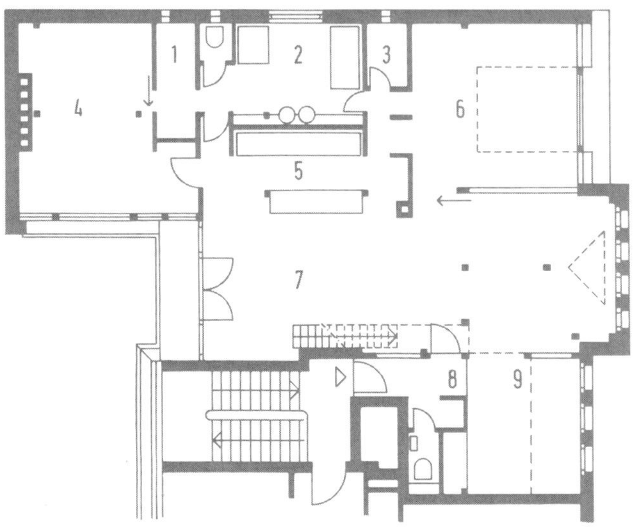

Eine alternative Treppenlösung: Zwischen Boden und altem Ständerwerk spannt sich die leichte Treppe aus verschweißten Stahlrohrprofilen und zwischengespannten Stufen.

Unter dem Glasdach
öffnen sich Küche und Eßplatz mit ihrer
gewächshausartigen Atmosphäre.
Der Grundriß ist zur Sonne ausgerichtet.

vermitteln ein »Eigenheimgefühl« mitten in der dicht bebauten Großstadt.

Durch die verschieden hohen Teile des Daches, ihre Ausformung und Belichtung ergeben sich ganz unterschiedliche Wohnbereiche, deren Mittelpunkte die offene Küche und der Wintergarten sind. Viel Stauraum in den Einbaumöbeln ermöglicht eine völlig freie Möblierung und läßt, da nur sparsam eingesetzt, den hohen Raum für sich wirken.

Das alte Stützenpaar trennt optisch den Eßbereich von dem intimeren Wohnteil, der unter den Dachschrägen liegt.

Dachausbau eines Fertighauses

Architekten: Architekturgruppe Bergmann Boerdner, Hünstetten 2

Ein typisches Merkmal der Fertighäuser aus den 70er Jahren sind ihre 30° Dächer. Eigentlich sind sie zu flach geneigt für einen sinnvollen Ausbau, da die Nutzfläche mit ausreichender Höhe zu gering ist.

Das Raumprogramm, das die Bauherren im Dach unterbringen wollten, ein zusätzlicher Wohnraum, zwei Kinderzimmer mit Duschbad und WC, ließ sich daher nur verwirklichen, indem das Dach in der Mitte des Hauses zu einer großen Gaube angehoben wurde. So entstand die nötige Raumhöhe. Da die Gaube nicht schwer auf dem Dach lasten sollte, wurde sie auch an den Seiten großflächig verglast. Zusammen mit dem Blauton der schlanken Konstruktionsteile wirkt sie leicht und transparent.

Auf der Südwestseite wurde die Giebelwand abgebrochen und durch ein großes Fensterelement ersetzt. Aus dem einst dunklen Speicher entstand ein sonnendurchfluteter zweiter Wohnraum, und je nach Sonnenstand wirft das Sprossenwerk des Giebelfensters interessante Licht-Schatten-Kompositionen auf die weiß geputzte Wand. Vor dem Wohnraum liegt die sonnige Terrasse, die auf dem Dach der neu angebauten Doppelgarage entstand. Korrespondierend zum Haupthaus erhielt sie in ganzer Breite eine Pergola – hier auf den Fotos noch unbegrünt und etwas mächtig – deren Rankgerüst die Neigung des 30° Daches wieder aufnimmt – ein zweiter »Ausbau« unter dem Schatten spendenden Pflanzendach.

Alle Holzteile, die im Rahmen des Umbaus neu eingesetzt wurden, erhielten einen blauen Anstrich und markieren den zweiten Bauabschnitt im Leben dieses Hauses. Innen wurde die alte Holzkonstruktion sichtbar belassen. Schalung und neue Dämmschicht liegen auf den Sparren. Die alte Dachdeckung wurde dafür abgenommen und zwischengelagert. Nach den Umbau- und Dämmaßnahmen wurde mit den vorhandenen Betondachsteinen neu eingedeckt.

Ort: **Im Taunus**
Haustyp: **Flach geneigtes Fertighaus aus den 70er Jahren**
Wohnfläche: **65 Quadratmeter**
Bauzeit: **1988 - 1990**
Bauweise: **Ausbau und Dämmung des Dachstuhls unter Wiederverwendung der alten Betondachsteine, Einbau einer großen Glasgaube und eines Giebelfensters als Zugang zur neu angelegten Terrasse mit Gründach auf der Garage.**

Schnitt und Grundriß im M. 1: 200. Der Dachausbau findet seine Erweiterung in der angrenzenden Terrasse auf dem Garagendach.
1 Sohn, 2 WC, 3 Tochter, 4 Flur, 5 Bad, 6 Spielzimmer, 7 Begrüntes Flachdach

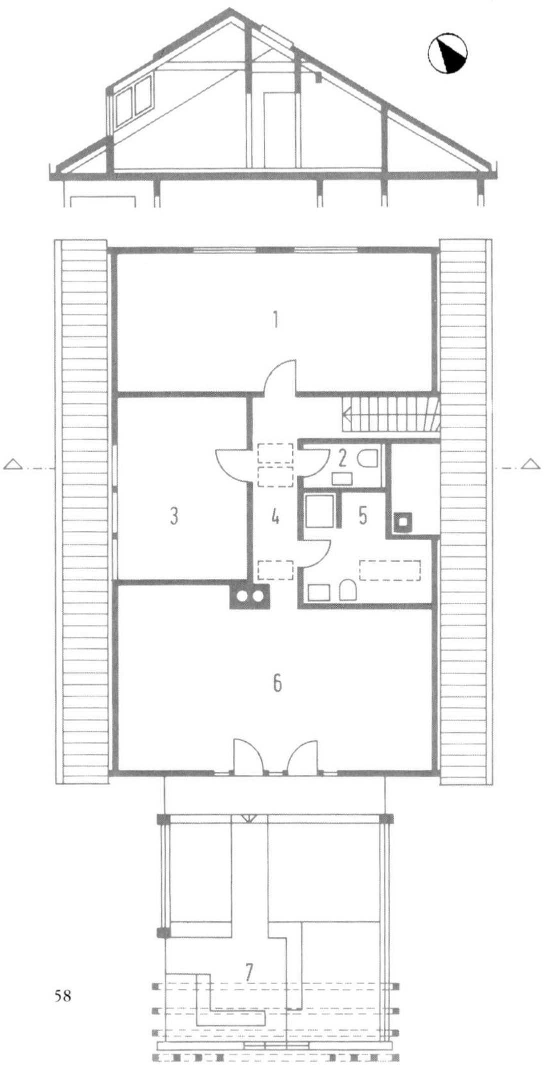

Oben: Eine Dachwohnung braucht auf einen offenen Kamin nicht zu verzichten. Hier wurde ein eiserner Kaminofen an den vorhandenen zweiten Schornsteinzug angeschlossen. Der alte Giebel des Fertighauses (rechts) wurde großzügig aufgebrochen, führt zur vorgelagerten Dachgarten-ebene und sorgt für die Belichtung des tiefen Grundrisses, die durch den aufgebrochenen Dachfirst noch ergänzt wird.

Dachausbau und Gebäudesanierung

Architekt: Joachim Schmidt, Berlin

Das Eckgebäude direkt am Lietzensee trägt das Baujahr 1908. Durch Aufnahme in das Selbsthilfeförderungsprogramm der Stadt Berlin, wurde es der Eigentümergemeinschaft (21 Erwachsene, 27 Kinder) ermöglicht, die komplette technische Sanierung des Gebäudes vorzunehmen, die Fassade instandzusetzen und sogar das Dach zu drei neuen Wohnungen auszubauen. Die eine Gebäudehälfte war in den sechziger Jahren »abgestuckt« worden, die andere war noch ursprünglich erhalten. Sie lieferte jetzt die Formvorlagen für die Restaurierung der Stuckteile, der Gesimse und des charakteristischen Bossenputzes.

Mit Gauben und schrägliegenden Fensterkonstruktionen konnten auch in der Dachzone großzügige Fenster eingebaut werden, die ursprünglich schwer wirkende Fassade wurde durch Korbbogengauben überhöht und nach oben in ihrem Abschluß formal verbessert. Der Ausbau ergab drei Wohnungen mit zusammen 450 Quadratmetern und 80 Quadratmeter Gemeinschaftsfläche mit Sauna und vorgelagerter Terrasse.

Die Wohnungen sollten im Standard den Geschoßwohnungen entsprechen. Es wurde daher besonders viel für das Raumklima und den Schallschutz getan: Starkes Mauerwerk auf den Mittelwänden und Estriche in den Bädern und Dielen bilden ausgleichende Speichermassen, alle Wände wurden gegen Schallübertragung doppelt beplankt, die Flachdachbereiche erhielten ein starkes Gründach, um ein Aufheizen der Räume im Sommer zu verhindern. Eine vergleichbare Wohnqualität bietet auch der großzügige Grundriß, mit den hohen, bis in den First reichenden hellen

Ort: **Berlin**
Haustyp: **Berliner Mietshaus von 1908**
Wohnfläche: **Gesamt 450 Quadratmeter zuzüglich 80 Quadratmeter Dachterrasse**
Bauzeit: **1986/1987**
Bauweise: **Ausbau und Sanierung des stark beschädigten Dachstuhls, Verstärkungen für zusätzliche Lasten, Anlage von Gründächern für die Terrasse und als Klimapuffer über den Wohnungen.**

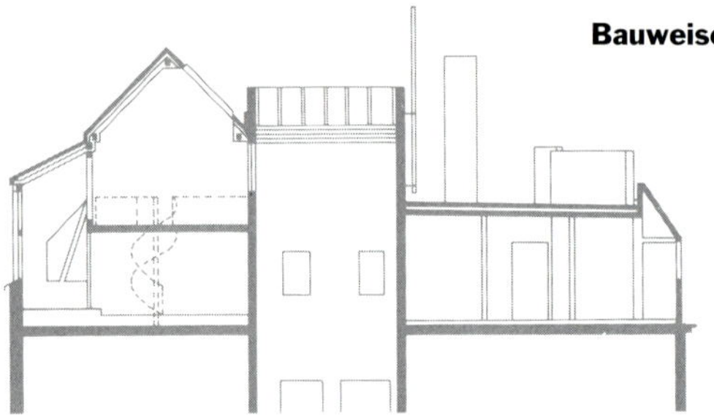

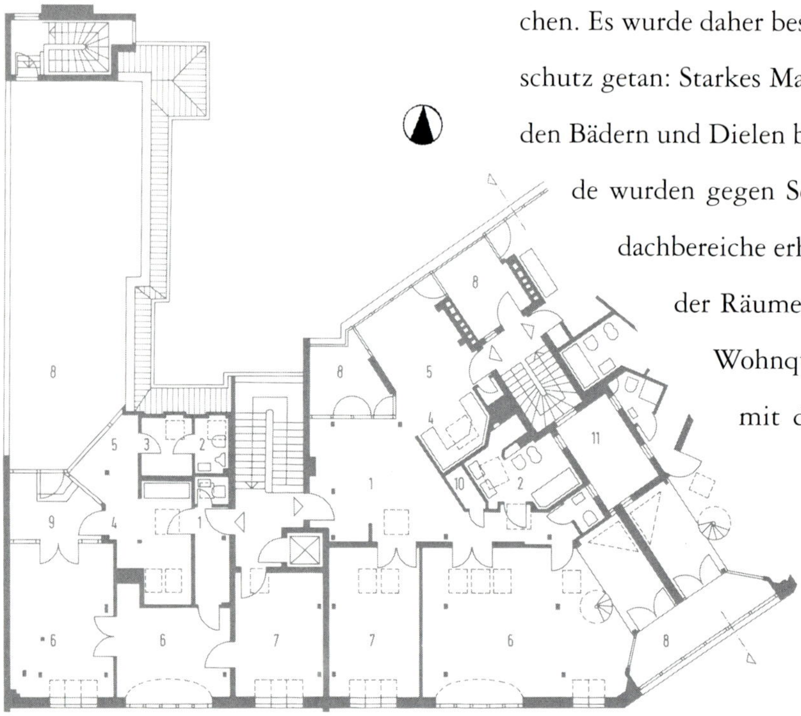

Die Ecke des alten Hauses wird durch eine tonnenförmige Gaube, welche die alten Fensterformen wiederaufnimmt, betont.
Schnitt und Grundriß im M. 1: 300, 1 Flur, 2 Bad, 3 Vorraum, 4 Küche, 5 Essen, 6 Wohnen, 7 Arbeiten, 8 Dachterrasse, 9 Wintergarten, 10 Abstellraum, 11 Lichthof.

Räumen, den Wintergärten und der Gebäudeecke und der großen begrünten Gemeinschaftsterrasse.

Ein wesentlicher Teil der vorbereitenden Arbeiten, der Abriß, erneuter Holzschutz, Ausbau- und Malerarbeiten konnten von den neuen Eigentümern in Eigenleistung erbracht werden. Dadurch wurden zusätzliche Mittel frei, um die Fassadengestaltung nach altem Vorbild ausführen zu können.

Die Fotos vermitteln einen Eindruck davon, wie unterschiedlich sich Räume unter einem gemeinsamen Dach darstellen können. Gemeinsam ist ihnen die Herausstellung des alten Ständerwerks vor verschiedenartig ausgebildetem Hintergrund.

Dachausbau eines Mehrfamilienhauses

Architekt: Professor Jürgen Lauster, Bielefeld

In unmittelbarer Nähe zur ansehnlichen Herz-Jesu-Kirche in Paderborn soll ein Bauherrenmodell durch einen Investor gebaut und die einzelnen Wohnungen als Eigentum verkauft werden. Im Dachgeschoß wird die Unterbringung der Abstellräume vorgesehen. Eine unverständliche Entscheidung, ist doch gerade in der Innenstadt der Dachraum eine der schönsten und wertvollsten Hausebenen, in diesem Fall mit interessanter Aussicht auf den Stadtkern von Paderborn.

Im Verlauf der Planung gelingt es, den Bauherrn davon zu überzeugen, die Abstellräume an anderer Stelle zugunsten einer Dachgeschoßwohnung unterzubringen.

Ort: **Paderborn**
Haustyp: **Mehrfamilienhaus**
Wohnfläche: **200 Quadratmeter**
Bauzeit: **1986**
Bauweise: **Konventionelle Holzdachkonstruktion mit Glas- und Schrägfassaden aus Aluminium.**

Die Planung der Wohnung ging von der Vorgabe aus, einen möglichst offenen Grundriß zu schaffen, großräumig, streng und mit einer Fülle von Eindrücken durch ineinanderfließende Räume, wechselnde Höhen, unterschiedliche Lichtzonen und eine geradezu mathematische Exaktheit in Materialeinsatz und Detail.

Konventionelle Planungsvorstellungen wie abgeschlossene Eingangsdielen mit Garderobe, ein abgetrenntes, vielleicht innenliegendes Bad wurden bewußt verworfen. So führt der Eingang am Treppenhaus direkt in die offene Halle, von wo aus sich der gesamte Grundriß, beinahe sakral in seiner Ordnung, öffnet. In dem hohen Dachraum ist eine schwebende Galerie eingebaut, die von einer zeltdachähnlichen Konstruktion überdeckt wird. Der axiale Aufgang der »Treppenplastik« unterstreicht die Strenge der Grundrißgestaltung. Aber neben der Offenheit bietet sich auch die Möglichkeit des Rückzugs. Ein schmaler Durchgang führt in die ruhige »Klause«, deren Portal und die Wahl des Steinbodens auf das Besondere dieses Raumes verweisen.

Küche, Bad und Schlafzimmer sind nur durch Glasscheiben getrennt, auch hier der Wunsch nach Durchsicht und Weite.

Grundriß im M. 1:200,
1 Halle, 2 Wohnen, 3 Galerie,
4 WC, 5 Schlafen, 6 Bad,
7 Flur, 8 Küche,
9 Abstellraum.

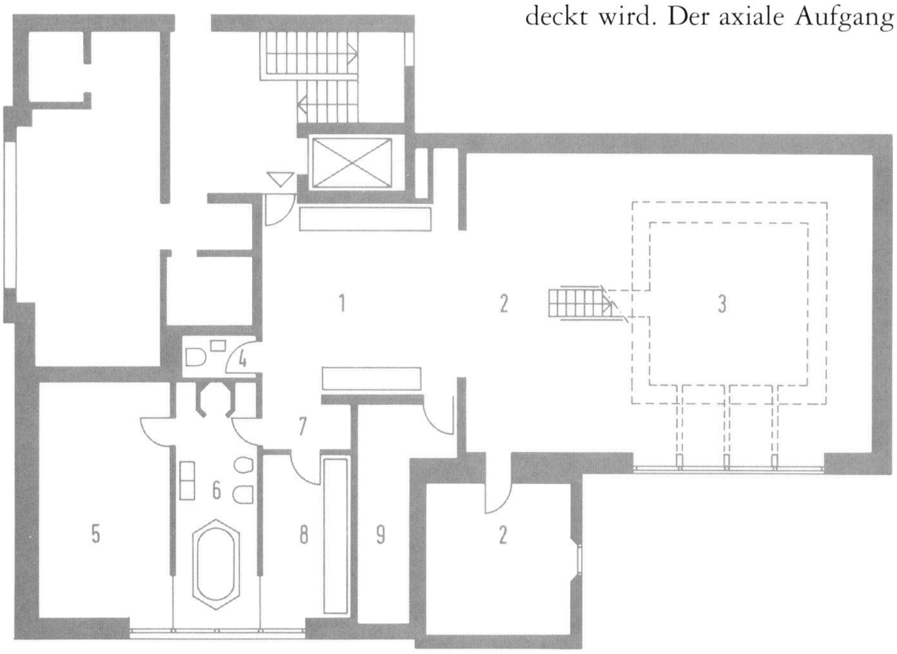

Der zentrale Wohnraum wird bestimmt durch die axiale Ausrichtung, die durch die symmetrisch angeordnete Galerie unterstrichen wird. Herausragend ist die strenge und sparsame Ausbildung der Einbauten.

Der Bedeutung des abgeschlossenen Meditationsraumes entsprechen das tempelartige Portal und der die Form wiederaufnehmende Bodenbelag.

So gliedern Offenheit und Dichte mit unterschiedlichen Arten und Größen der Belichtung die vorhandene Fläche. Transparenz und Abgeschlossenheit stehen im Kontrast zueinander. Das Raumangebot mit den unterschiedlichen Qualitäten macht Wohnen zu einer Herausforderung.

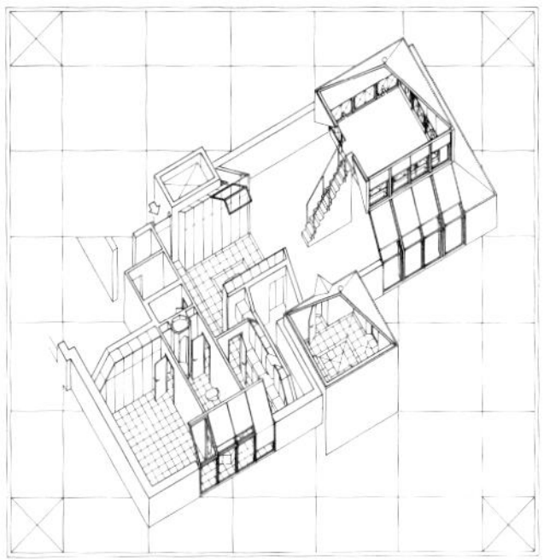

Oben: Von besonderem Reiz ist die Rundumöffnung des Bades zu den benachbarten Räumen und zum Himmel. Der strengen Architektur dieser Räume entspricht die einfache, monolithische Form der Galerietreppe.

Vom Dachboden zur Atelierwohnung

Architekt: Rainer Seiferth, Berlin

Ein Jahrhundert nach seiner Erbauung wurde dieses Mietshaus in Kreuzberg 1989/1990 grundlegend saniert. Heute ist es eine gefragte Immobilie – ob das für unseren Wohnungsbau in einhundert Jahren auch zutrifft, ist wohl eher die Frage.

Die Substanz entspricht der damals üblichen Bauweise: Bis zu 64 Zentimeter starke Vollziegelwände, Holzbalkendecken mit Schlackenschüttung und breiten Holzdielen. Die ursprüngliche Stuckfassade im klassizistischen Stil war in den fünfziger Jahren zusammen mit den Gesimsen und Balkonen abgeschlagen und dem Zeitgeschmack entsprechend durch Kratzputz ersetzt worden.

Wie so häufig beim Dachausbau konnte auch hier das alte Haus seine angemessene Fassade wieder zurückgewinnen. Schnitt und Grundriß im M. 1: 200, 1 Wohnen, 2 Zimmer, 3 Schlafen, 4 Terrasse, 5 Flur, 6 Küche, 7 Bad.

Ort: **Berlin**
Haustyp: **Mietshaus von 1889**
Wohnfläche: **144 Quadratmeter**
Bauzeit: **August 1989 - April 1990**

Ausbau des Dachbodens zu einer abgeschlossenen Wohneinheit, Anbindung der Restflächen an die darunterliegenden Geschoßwohnungen. Umfangreiche Sanierungsmaßnahmen und Rekonstruierungen an der Fassade und im gesamten Gebäudeinneren.

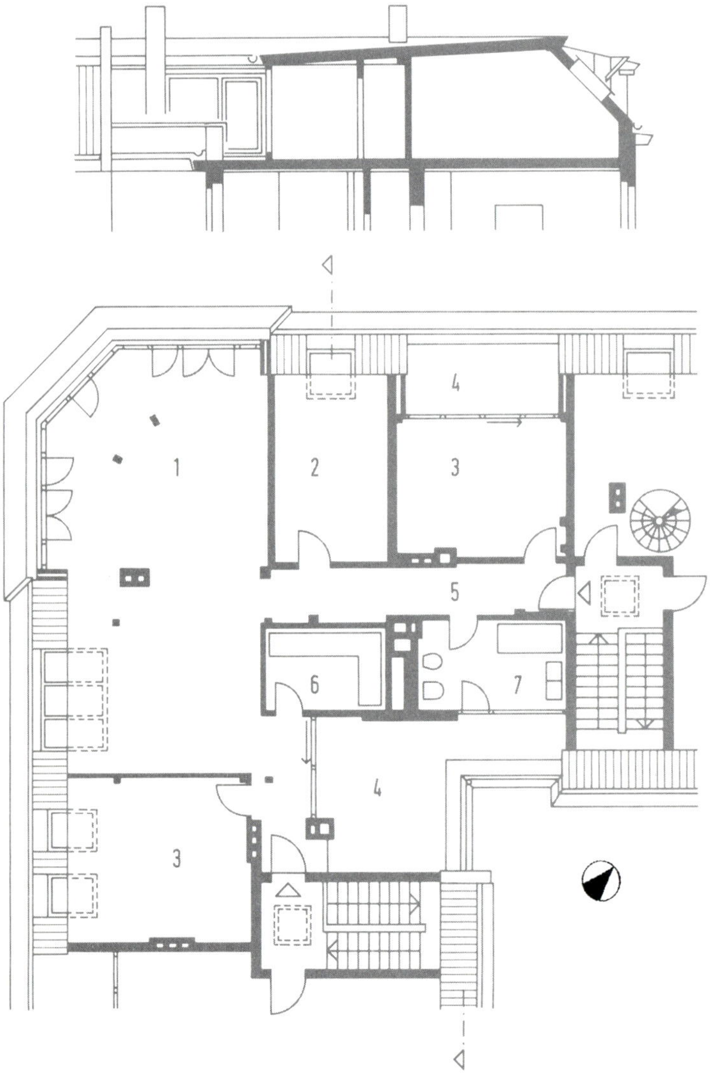

Trotz eines umfangreichen Holzgutachtens war das Ausmaß der Schäden an den Holzbalkendecken durch fehlenden Holzschutz, unzählige Wasserrohrbrüche und undichte Dachdeckung derart hoch, daß die Baustelle zeitweise einer Ruine glich. Bei der mit echtem Hausschwamm befallenen Dachgeschoßdecke mußten die Balkenköpfe abgeschnitten, das Mauerwerk großflächig ausgebrannt und mit Salzinjektionen getränkt werden, um die meterlangen Stränge des Pilzes abzutöten. Die »amputierten« Deckenbalken bekamen beidseitig Stahlträgerbewehrungen und wurden mit Betonfüllungen wieder in das sanierte Mauerwerk eingebunden. Unter dem Dach entstand eine großräumige Atelierwohnung mit offenem Grundriß und einer geschützten Atriumterrasse. Die übrigen Dachräume sind über Spindeltreppen mit drei der Wohnungen im vierten Obergeschoß zu Maisonetten verbunden worden.

Blick in das Turmzimmer mit freigelegtem Schornstein und altem verkleideten Holzgebälk.
Unten: Die Außenfläche zwischen den beiden Treppenhäusern wurde als geschützte Südterrasse ausgebaut.

Speicherausbau einer Stadtvilla

Architekt: Galerie Blau, Freiburg

Der Dachraum dieser Villa war für einen Künstler auszubauen: Der Raum sollte sowohl dem alltäglichen Wohnen dienen, als auch der künstlerischen Arbeit.

Um dem Bedürfnis des Bewohners nach Zurückgezogenheit bei konzentrierter Arbeit und gleichzeitig großer Gastfreundschaft gerecht zu werden, wurde auf die Urform menschlicher Behausung zurückgegriffen, den Einraum. Diesen beiden Aktivitäten wird die Mitte des Raumes – der wichtigste Platz – überlassen, während das Kochen, Waschen und Schlafen an den Rand hinter bewegliche Paneele geschoben wurde.

Die Idee des Einraumes hat etwas Ursprüngliches. Formal sollte der Raum dieses Archaische und gleichzeitig auch die Moderne, in die er hineingesetzt wurde, repräsentieren. Die Gegensätzlichkeit ist die Grundlage des Entwurfskonzeptes, das die Architekten der japanischen Architekturauffassung entlehnt haben. Sie wollen den Raumeindruck in seiner antipodischen Spannung, den Raum gleichzeitig als Zelle, Höhle, Tempel, Refektorium und Klause zeigen, aber auch in seiner Fülle mit Seitenschiffen und Sekundäreinheiten ausstatten. Oder wie es Laotse formuliert hat: »Die Fülle bringt Nutzbarkeit, das Leere wirkt Wesenheit.« Elemente voller Strenge wechseln mit kindlicher Verspieltheit ab, Askese steht gegen Opulenz, Geometrisches gegen Amorphes, Glattes gegen Rauhes: Ein ständiges Bewußtmachen der Spannweite unserer Sinneserfahrung. Läßt nicht allein die kurze Betrachtung des Lichtes erahnen, welche Gedankenlust diesen Entwurf begleitet hat? »Reinste Natur und Technik leuchten den Weg. Was Sonne und Mond nicht vermögen, das leisten Stearin, Osram & Co: Kerzenlicht, Glühbirne, Neon, Amerikanische Standardröhren, Linestra und Halogen. Leuchtmittel pur, gleichsam als Kulturgeschichte des Lichts. Wer ist schein-heiliger? Der Himmel oder light-structure, der liebe Gott oder Ingo Maurer? Und wer sich mit André Breton an den Einbaumöbeln erfreut, der spürt die Poesie, die diesen Dachraum durchzieht: Der Schrank ist voll Wäsche. Sogar Mondstrahlen sind drin, die ich entfalten kann.«

Ort: **Freiburg**
Haustyp: **Stadtvilla**
Wohnfläche: **70 Quadratmeter**
Bauzeit: **4 Monate in 1989/1990**
Bauweise: **Der vorhandene Holzdachstuhl wurde wärmegedämmt und mit Spanplatten und Offset-Druckplatten aus Aluminium verkleidet, weiß gestrichen und strukturiert. Giebelwände grob verputzt, Dachfirst verglast. Boden und Treppe aus Ahorn silbergrau gebeizt, Stützen und Balken bemalt.**

Grundriß des Dachgeschosses im M. 1:200, 1 Bad, 2 Abstellraum, 3 Schlafen, 4 Wohnen, 5 Küche, 6 Schrankraum.

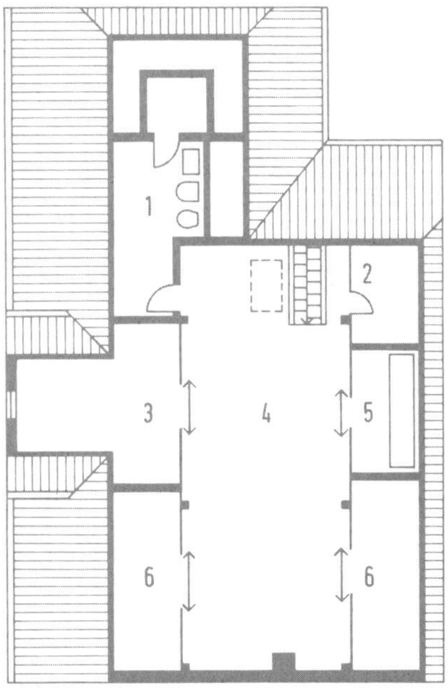

Das Aufbrechen des Dachfirstes sorgt für die Belichtung des tiefen Raumes.

Künstliche Belichtung betont das alte Tragwerk, von dem die neuen Schiebewände abgelöst wurden.
Mobile Einbaumöbel, ideenreiche Badeinrichtung und die interessante Interpretation einer Raumspartreppe zeigen den liebevollen Umgang mit dieser Bauaufgabe.

Quer zur Längsachse des Grundrisses liegen Küche und Schlafraum. Bei geöffneten Schiebewänden bieten sie seitliche Erweiterung und Belichtung.

Galeriewohnung über der Stadt

Architekt: Falk von Tettenborn, München

Der Dachboden dieses denkmalgeschützten Hauses aus dem Jahre 1910 wurde – wie so häufig – bis zuletzt als reiner Abstell- und Trockenboden genutzt. Die tragenden Teile des vorhandenen sechs Meter hohen Dachstuhls sollten weitgehend unberührt bleiben, der Wald von alten Holzstützen so wenig wie möglich gelichtet werden, um neue statische Abfangungen auf ein Minimum zu reduzieren. Einzelne angefaulte Hölzer wurden ausgebaut und durch neue ersetzt oder durch Aufdoppelungen verstärkt.

Die notwendigen baukonstruktiven Maßnahmen weisen einige Besonderheiten auf: Die neuen Dachterrassen wurden entlang der Mittelpfette aus der Dachfläche herausgeschnitten und vor dem Öffnen der Dachhaut komplett fertiggestellt, um Durchfeuchtungen während der Bauzeit zu vermeiden. Der alte Estrich des Trockenspeichers wurde durch eine neue, schwimmende Spanplattenlage in Trockenbauweise ersetzt. Aus Brandschutzgründen mußten alle tragenden Dachhölzer mit Gipskartonplatten verkleidet werden, eine immer wieder geforderte Maßnahme, die leider die Holzstruktur der alten Konstruktion verschwinden läßt. Alle neuen Einbauten wie Wendeltreppe, Galeriegeländer und Atelierfenster wurden in filigraner Bauweise aus schlanken Stahlbauteilen ausgeführt, um die Offenheit des Grundrisses zu unterstreichen. Die großen Fertigdielen, mit weißem Autolack versiegelt, schaffen einen hellen und freundlichen Eindruck in der 75 Quadratmeter großen Wohnhalle.

Ein Minimum an leichten Wänden umschließt die »privaten« Räume. Dabei wurden die Wände entlang der alten Binderebenen und in den Stützenachsen angeordnet. Die vorhandenen Schornsteinblöcke bestimmen die Lage der Feuchträume, da sich hier am einfachsten die

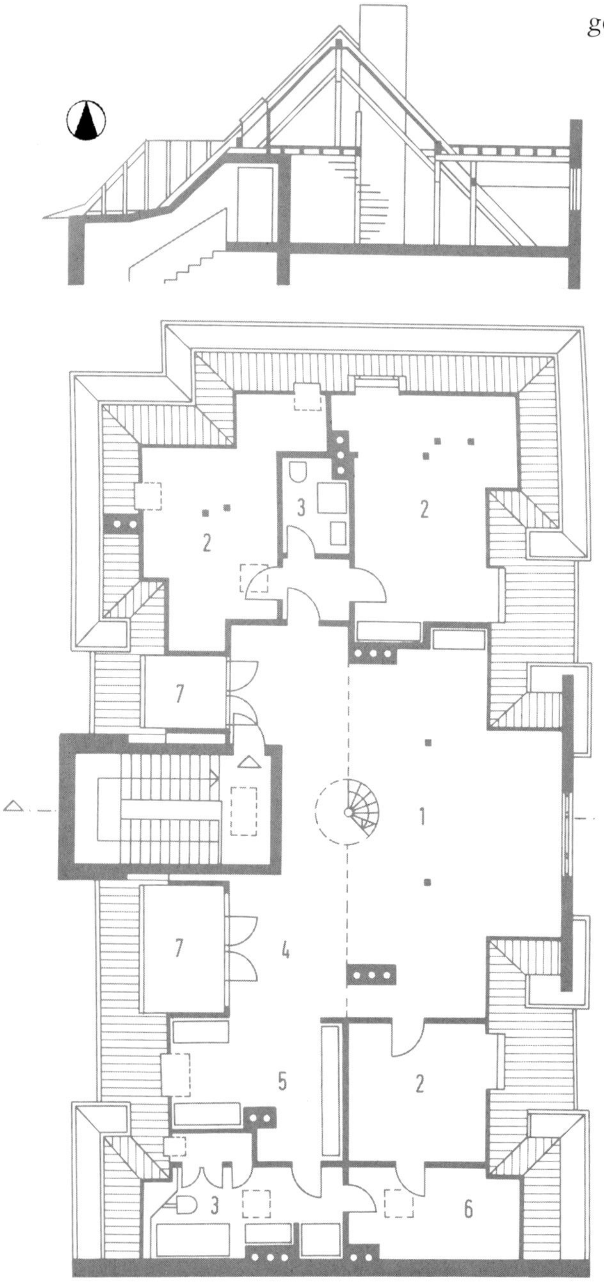

Die alte Fassade hat durch den Einbau dieser großen Wohnung keine störende Veränderung erfahren.
Schnitt und Grundriß im M. 1:200, 1 Wohnen, 2 Schlafen, 3 Bad, 4 Essen, 5 Küche, 6 Ankleide, 7 Dachterrasse.

Ort: München

Haustyp: Großes Mehrfamilienhaus von 1910

Wohnfläche: 200 Quadratmeter

Bauzeit: 6 Monate in 1989

Bauweise: Die alte Satteldachkonstruktion wurde gedämmt, die Originalschindeln erhalten, der Dachboden entkernt und mit neuen Wandeinbauten, Dacheinschnitt und Haustechnik versehen.

Das große Flächenangebot erlaubt auch eine großzügige Raumorganisation, hier im Bereich Küche, Eßplatz und Dachterrasse.

Versorgungsleitungen durch das Haus führen ließen. Eingang, Eßplatz, Küche und Wohnraum gehen ineinander über, räumlich dennoch durch Vor- und Rücksprünge, Ecken und Winkel differenziert. Dieser große zentrale Raum wird über Dachfenster und Dachgiebel belichtet. Die Wendeltreppe führt auf eine sich zum Wohnraum öffnende Galerie, die auf der alten Kehlbalkenlage liegt.

Während auf der Straßenseite die Eingriffe in das Dach mit äußerster Zurückhaltung vorgenommen wurden, öffnet sich der Grundriß auf der Rückseite durch große Studiofenster zum Licht. Der weiß lackierte Holzboden und die weiß gestrichenen Wände und Einbauten reflektieren das Licht selbst in die hinteren Grundrißbereiche.

Auf Dachböden in einem Gründerzeithaus

Architekt: Franz C. Demblin, Wien

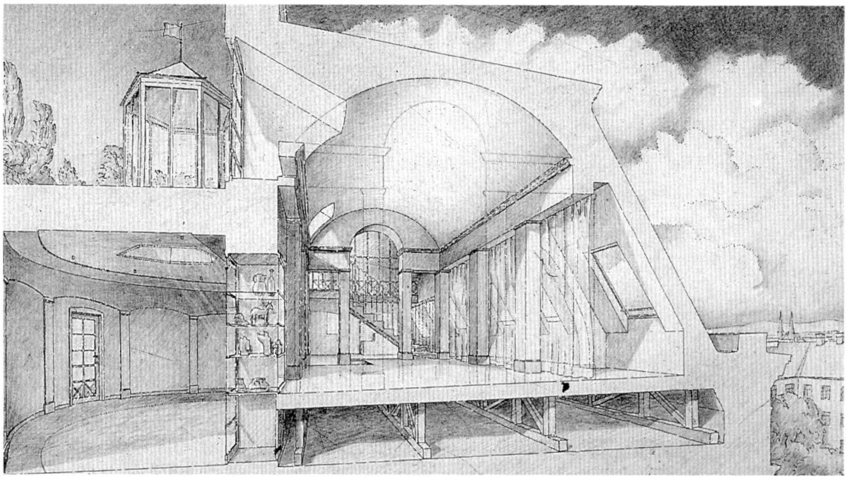

Perspektivischer Schnitt, der das Prinzip des neuen, auf dem alten Flachdach aufgeständerten Fußbodens verdeutlicht. Grundrisse im M. 1: 300.

Ort: Wien
Haustyp: Städtisches Mietshaus
Wohnfläche: Zwei Wohnungen mit je 150 Quadratmetern
Bauzeit: 1983/1984
Bauweise: Ausbau des vorhandenen Dachstuhls – zur Straßenseite unverändert –, zum Innenhof. Anlage zweier Dachterrassen als Garten über der Stadt.

Das Gründerzeithaus, in dem dieser ungenutzte Dachboden zu zwei Wohnungen ausgebaut wurde, liegt an einem ruhigen kleinen Platz in der Innenstadt, nur wenige Minuten vom eigentlichen Zentrum Wiens entfernt. Wir haben sowohl die Zeichnungen als auch die Projektbeschreibungen des Architekten nahezu unverändert übernommen. Es lohnt die kleine Mühe, sich in die Pläne einzulesen und einmal in der Vorstellung durch die Räume zu schreiten. Der Text stimmt darauf ein. In Anlehnung an den Raumplan von Adolf Loos ergeben sich in den Wohnungen unterschiedlich hohe Räume auf insgesamt fünf verschiedenen Ebenen. So wird eine geometrische Raumfolge geschaffen vom untersten Niveau, das nach Norden gerichtet ist, bis zu den über den Wohnungen gelegenen Dachterrassen nach Süden. In der rechten Wohnung liegt ein zweigeschossiger Wohnraum mit flankierenden Galerien an der Gebäudedekke, die übrigen Räume ordnen sich dieser lichtdurchfluteten Wohnhalle unter. Die linke Wohnung hat eine in der Dunkelzone des Grundrisses liegende Diele, die als Gelenk für die von den tragenden Wänden vorgegebene Geometrie des Hauses dient. Ein Oberlichtturm fängt das Sonnenlicht den ganzen Tag über für den unteren Wohnungsteil ein. Von der Diele aus gelangt man in den Eßraum und weiter über drei Stufen in den mit einer Tonne überwölbten Wohnraum, der je nach Tageszeit das Licht von zwei Seiten und über die in die Wölbung eingeschnittenen Oberlichter erhält.

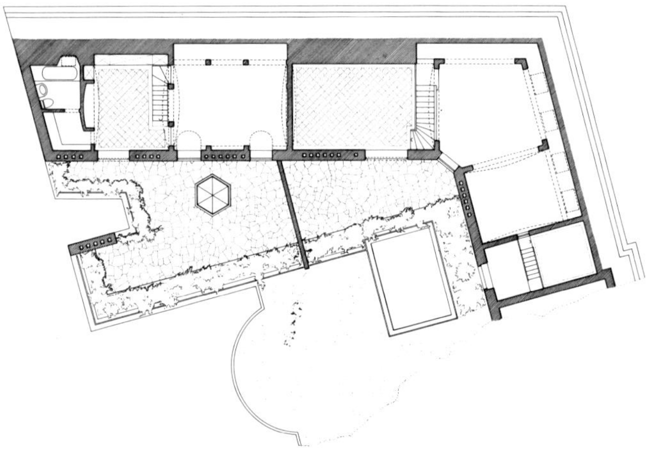

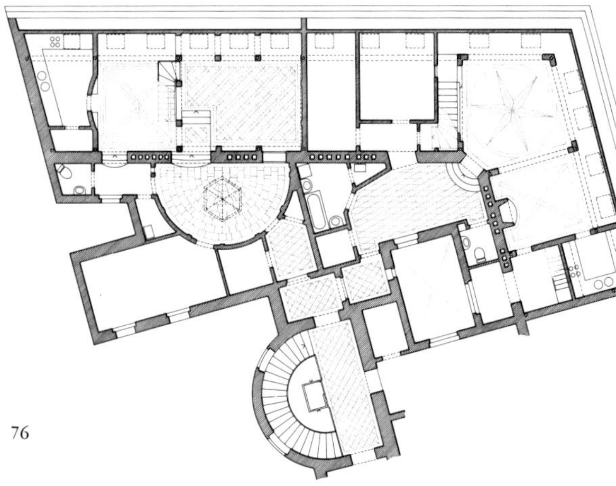

Das große Eckzimmer mit dem Treppenaufgang zum Dachgarten ist geprägt durch die gewaltigen Elemente des Dachtragwerks.
Die Größe der zur Verfügung stehenden, flachen Dachfläche erlaubt bei fachgerechter Konstruktion sogar die Anlage eines baumbestandenen Gartens.

Auf der Galerie liegt der Schlafbereich mit Blick in das Gewölbe des Wohnraumes und nach Süden auf die Dachterrasse, in deren Mitte der Lichtturm steht. Für die Gestaltung der einzelnen Räume sowie für die sorgfältig angelegte Raumfolge ist die maximale Belichtung und Besonnung des nach Norden ausgerichteten Dachgeschosses von entscheidender Bedeutung. Abwechslungsreicher Lichteinfall je nach Zweck und geometrischer Form des Raumes und die Verwendung von bestimmten architektonischen Elementen wie Pfeiler, Säulen, unterschiedliche Deckenformen und Gesimse bestimmen die architektonische Sprache des Entwurfes. Die Geometrisierung der Räume, die Gestaltung der raumbildenden Details, die Proportionierung von Decken, Wänden und Raumverhältnissen sind wesentliche Parameter dieser Bauaufgabe.

Es ist der Versuch, eine spielerische Eleganz und Großzügigkeit des Raumes zu erzielen, fern von den modischen Alltäglichkeiten heutiger Wohnformen, ein Versuch, mit den technischen und ökonomischen Mitteln eine gebaute Erinnerung an die Brüder Adam oder John Soane zu träumen.

Links: Die auf dem Dachgarten sichtbare gläserne Laterne belichtet die halbkreisförmige Halle auf der unteren Grundrißebene. Der Großzügigkeit des Grundrisses entsprechen die Dimensionen des Ausbaus.

Dachausbau eines Bauernhauses

Architekt: Hans Freund, Eggstätt

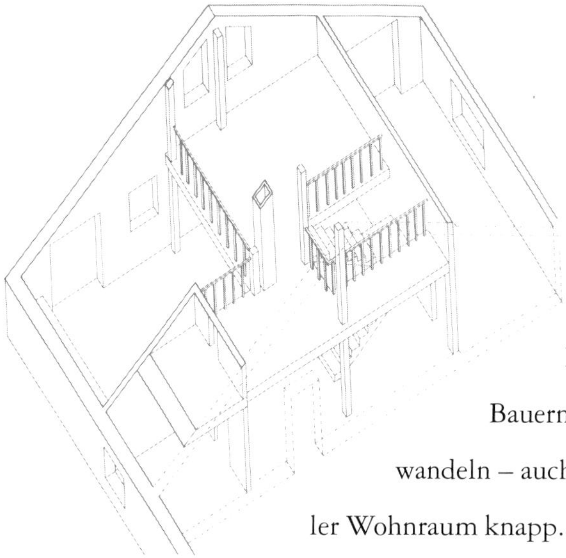

In diesem Bauernhaus gab es einen seit Jahren ungenutzten Speicher, der nur noch als Abstellraum und als Winterlager für Pflanzen diente. Was lag also näher, als diese wertvolle Nutzfläche in dem stattlichen Bauernhaus in eine Wohnung umzuwandeln – auch auf dem Lande ist qualitätvoller Wohnraum knapp.

Die neuen Eigentümer beauftragten den Architekten, eine Umbauplanung zu erarbeiten, die es dem Bauherrn ermöglichen sollte, einen großen Teil der Arbeiten in Eigenleistung auszuführen. Eine weitere Forderung war, daß die Umbauten einfach, in möglichst kurzer Zeit und mit relativ geringem Kostenaufwand durchgeführt werden können. Leider glauben viele Bauherren, die unter diesen Bedingungen einen Umbau planen, ohne einen Architekten auskommen zu können. Das Ergebnis zeigt dann später meist, wo es an der Planung fehlt – nicht nur bei der handwerklichen Ausführung. Übrig bleibt ein Dauerprovisorium.

Ort: **Eggstätt**
Haustyp: **Altes Bauernhaus**
Wohnfläche: **90 Quadratmeter**
Bauzeit: **September – Dezember 1987**
Bauweise: **Ausbau und Wärmedämmung eines schwach geneigten Pfettendachstuhls mit hohem Drempel, Galerieeinbau und neuer Holztreppe; hoher Anteil an handwerklicher Eigenleistung.**

Bad und Schlafraum wurden als abgeschlossene Räume konzipiert, die Zonen zum Wohnen, Essen und Kochen gehen dagegen offen ineinander über und sind flexibel nutzbar. Eine frei im Raum stehende Holztreppe führt auf die eingezogene Galerieebene, die die Raumhöhe für ein kleines, attraktives Studio nutzt, mit Blickkontakt zur unteren Wohnebene. Zwei liegende Dachfenster belichten zusätzlich Wohnraum, Küche und Galerie und unterstreichen durch die Lichtführung von oben den offenen Charakter der zweigeschossigen Wohnung.

Der dominierende Baustoff ist Holz, dessen Verwendung ein Maximum an Eigenleistung möglich machte: die Wärmedämmung des Daches, die Verschalung der Decke und das Verlegen der Fußböden konnten von den Bewohnern allein ausgeführt werden. Neben den neu eingeführten Bauteilen sind die des alten Bauernhauses noch deutlich zu erkennen.

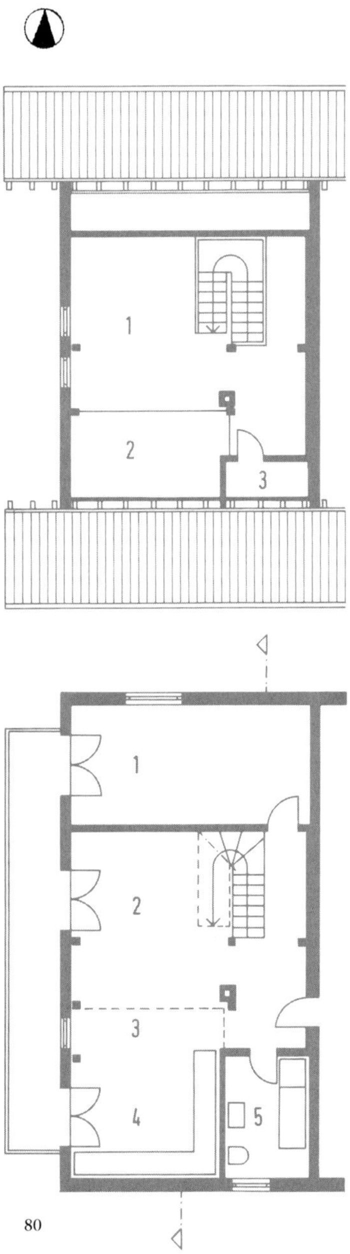

Isometrische Darstellungen erleichtern dem Bauherrn die Vorstellung von seiner zukünftigen Behausung. Schnitt und Grundriß im M. 1: 200. Untere Ebene: 1 Schlafen, 2 Wohnen, 3 Essen, 4 Küche, 5 Bad. Obere Ebene: 1 Wohnen, 2 Luftraum, 3 Abstellraum.

Trotz des räumlich begrenzten Grundrisses ist durch Luftraum zur Galerie, durch die Belichtung und durch unverkleidete, schlanke Holzbauteile der Eindruck von Großzügigkeit entstanden. Ein wesentliches Planungsziel war es, durch einfache Konstruktionen und selbst bearbeitbare Materialien ein großes Maß an Eigenleistung durch den Bauherrn zu ermöglichen.

Studio für ein Einfamilienhaus

Architekt: Egon Comtesse, Saarbrücken

Im Zuge der technischen Sanierung und Renovierung dieses Einfamilienhauses aus dem Jahre 1907 sollte der ungenutzte Speicher mit dem ersten Obergeschoß verbunden und als kleine Atelierwohnung ausgebaut werden.

Die geringe Grundfläche des Dachgeschosses ließ den Einbau einer bequemen internen Verbindungstreppe nicht zu. Die Lösung war dann ein außenliegendes Treppenhaus am Giebel, das die Gebäudeform aufnimmt, sich aber durch seine leichte Aluminium-Glaskonstruktion und die starke Farbgebung deutlich als neues, zeitgenössisches Element markiert. Im Erdgeschoß konnte so ein einladender Eingangsbereich, als Wandscheibe mit Lochfassade, geschaffen werden, auf der der bis in den First hinaufragende Treppenhauserker aufgesetzt ist. Im Obergeschoß beginnt, von außen sichtbar, die großzügige, bis ins Dachgeschoß reichende Wendeltreppe. Der Glasvorbau dient zugleich als passiver Sonnenkollektor, der die dahinterliegenden Räume in der Übergangszeit mitbeheizt.

Vor dem Ausbau des Speichers mußten ein Teil der Dachsparren, der Lattung und der Dachziegel erneuert werden. Die 12 Zentimeter starke Wärmedämmung mit einer Verkleidung aus Gipskartonplatten sorgt jetzt für ein angenehmes Raumklima. Eine in das Dach eingeschnittene Loggia, axial auf die Gaube bezogen, gibt diesem symmetrischen Ateliergrundriß mit dem dreiseitigen Ausblick und der intensiven Belichtung eine luftige Qualität.

Ort: **Saarbrücken**
Haustyp: **Einfamilienhaus von 1907**
Wohnfläche: **45 Quadratmeter**
Bauzeit: **1990**
Bauweise: **Ausbau des Dachspeichers mit Erschließung über ein außenliegendes Treppenhaus, Einbau einer Loggia.**

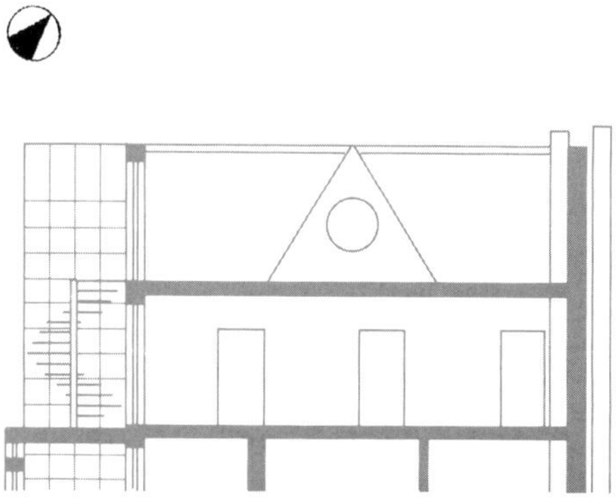

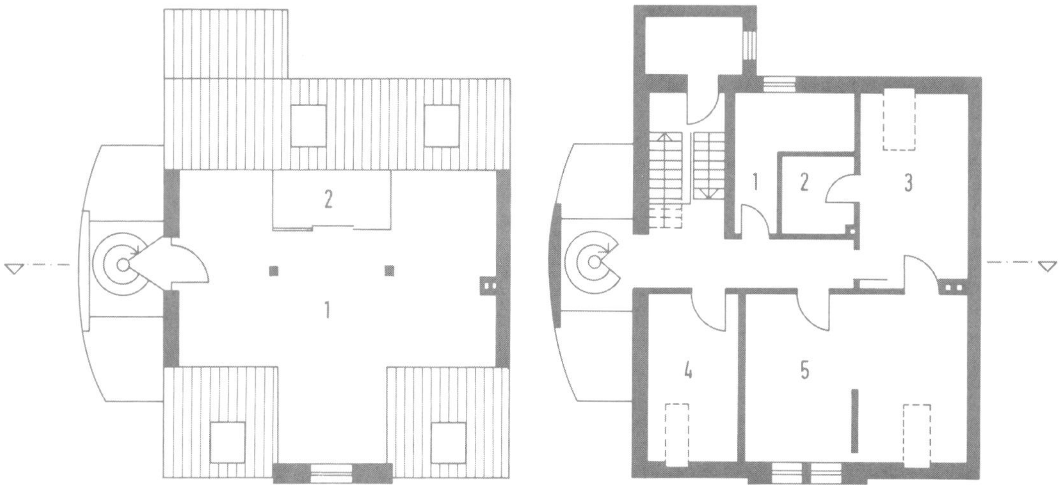

Schnitt und Grundrisse im M. 1: 200. Untere Ebene: 1 Fitness, 2 Sauna, 3 Bad, 4 Gast, 5 Schlafen. Galerieebene: 1 Kind, 2 Loggia.

Für die innere Erschließung der beiden Dachgeschoßebenen reichte der Platz nicht aus: Die Lösung besteht in einem haushohen, an die Giebelwand angelehnten Erker, in dem die Wendeltreppe liegt. Das bescheidene Haus erfährt in seiner äußeren Erscheinungsform eine Bereicherung.

Blick in den angebauten Erker mit der die beiden Geschosse verbindenden leichten Stahl-Wendeltreppe.
Die alte Holzkonstruktion wurde durchgehend unverkleidet belassen und setzt sich durch ihre schwarze Farbgebung von den neuen Einbauelementen deutlich ab.

Die in der Fassadenebene liegende, giebelförmige Dachgaube vermittelt innen den Eindruck eines zeltartigen Raumes: willkommener Rückzugsbereich im Studio der zweiten Dachebene.

Neues Wohnen in einer Jugendstilvilla

Architekt: Falk von Tettenborn, München

Ort: **München**
Haustyp: **Jugendstilvilla von 1910**
Wohnfläche: **250 Quadratmeter**
Bauzeit: **1991**
Bauweise: **Großzügiger Umbau des alten Speichers auf neuer Stahlbetondecke, mit Dämmung und innerer Verkleidung aus Gipskartonplatten, Einbau eines Aufzuges, Wintergartens und einer Dachterrasse.**

Der Umgang mit dem Gebäude eines berühmten Kollegen ist immer eine Herausforderung. Hier war Gabriel von Seidl der Architekt des Jugendstilhauses. Die Bauaufgabe war, den Speicher, der zum Teil Wohnräume enthielt, aber sonst nicht mehr genutzt wurde, zu einer großen, zweigeschossigen Wohnung auszubauen.

Dazu war es aus baurechtlichen Gründen nötig, die Wohnungstrenndecke nach unten neu als Stahlbetondecke auszubilden. Der alte Holzdachstuhl konnte erhalten werden, mußte aber aus Brandschutzgründen mit Gipskartonplatten F30 verkleidet werden. Auf der unteren Ebene befinden sich die Wohn-Eßräume, der Wintergarten, die Küche und ein separater Schlaftrakt, oben liegen weitere Schlafzimmer und die Sonnenterrasse. Sie wurde über dem Haupttreppenhaus angeordnet. Eine Stahltreppe in einem filigranen Glaskäfig führt von hier aus zum Treppenhaus und dient als zweiter Fluchtweg. Vor dem großen Wohnraum liegt die Loggia, deren Glaswand auf ganzer Breite zur Seite gefaltet werden kann. Zur kalten Jahreszeit und bei schlechtem Wetter entsteht so im geschlossenen Zustand ein Wintergarten mit angenehm gemäßigtem Klima.

Alle neuen Einbauten wurden nach Entwurf in hoher handwerklicher Qualität gefertigt, die Bäder mit Solnhofener Platten und Auer-Kalkstein verkleidet, wobei die Flächen durch unterschiedliche Materialbeschaffenheit, von sägerauh bis poliert, eine besonders warme Atmosphäre ausstrahlen. Das gleiche Material wurde auch zur Abdeckung der Fensterbänke und der Heizkörperverkleidungen eingesetzt. Küche und Loggia wurden mit alten Cottaplatten ausgelegt, die Wohn- und Schlafräume erhielten Parkettböden, die aus Schallschutzgründen auf schwimmenden Trockenestrichplatten verlegt wurden.

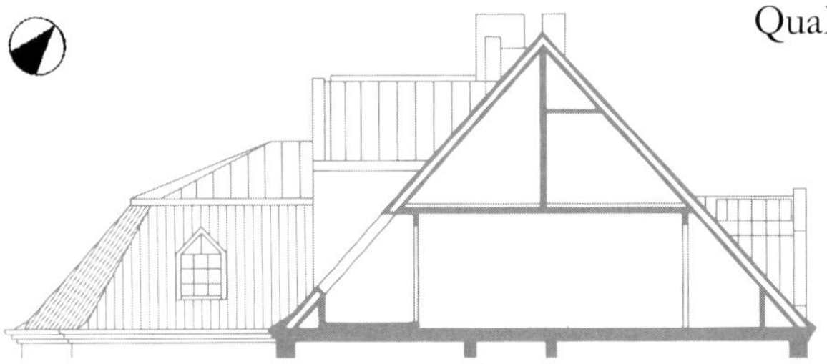

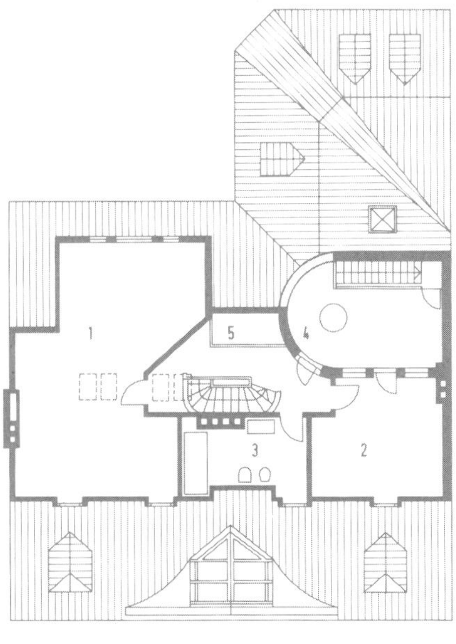

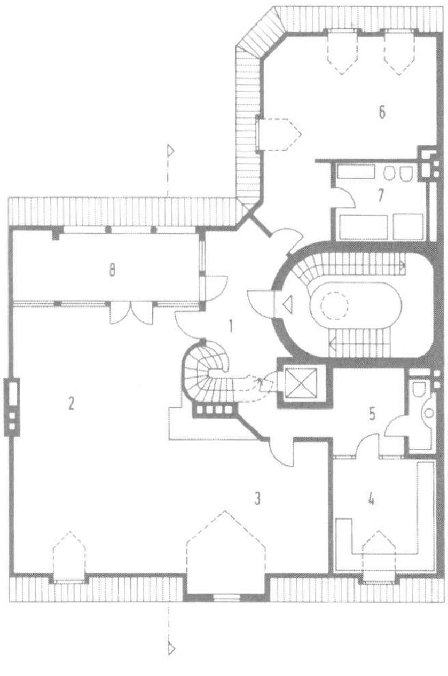

Schnitt und Grundrisse im M. 1:200. Untere Ebene: 1 Diele, 2 Wohnen, 3 Essen, 4 Küche, 5 Garderobe/WC, 6 Schlafen, 7 Bad, 8 Wintergarten. Obere Ebene: 1, 2 Schlafen, 3 Bad, 4 Dachterrasse, 5 Luftraum.

Blick in die Holzeinbauten der Diele am Treppenhaus, die japanische Einflüsse verraten.

Die interne, freischwingende Holztreppe führt in das Obergeschoß mit der Dachterrasse.

Links: Der Raumeindruck dieser großzügigen Dachgeschoßwohnung ist geprägt von der Verwendung weniger, aber kostbarer Materialien und durch die Qualität der Ausführung: Naturstein, alte Tonplatten und individuell gefertigte Holzbauteile.
Oben: Der weiträumige, helle Schlafraum im Obergeschoß.
Die über die ganze Länge auffaltbare Fensterwand der Loggia schafft bei gutem Wetter einen reizvollen Außenraum, bei Kälte einen Wärmepuffer, der für ein angenehmes Klima im Wohnraum sorgt.

Atelierwohnung statt Trockenboden

Architekt: AIS, Hamburg

Ort: **Hamburg**
Haustyp: **Großes Wohnhaus um 1910**
Wohnfläche: **Atelierwohnung 90 Quadratmeter**
Bauzeit: **4 Monate in 1989**
Bauweise: **Um- und Ausbau der fast sieben Meter hohen Mittelzone des Dachgeschosses zu einer Atelierwohnung. Wohnungstrennwände gemäß Brandschutzauflage in F 90, zweiter Fluchtweg aus konzeptionellen Gründen nicht erforderlich.**

Der große Dachboden wurde als Mietobjekt ausgebaut: In der Mitte eine spektakuläre Atelierwohnung, an den Seiten sind zwei konventionelle Dachwohnungen vorgesehen. Auch wenn es in den Vollgeschossen jeweils nur zwei Wohnungen gibt, wurden hier drei genehmigt, um das Wohnraumangebot zahlenmäßig zu vergrößern (mit zweitem Rettungsweg) und gleichzeitig die hinteren Abstellräume erhalten zu können, politische und Feuerschutzmaßnahme zugleich.

Alle drei Wohnungen werden vom alten Haupttreppenhaus erschlossen und benötigen wegen Anleiterbarkeit (durch Leiterprobe der Feuerwehr nachgewiesen, die Zeichnungen der Architekten mit derselben Aussage reichten offenbar nicht ...) keinen zweiten Fluchtweg über ein separates Treppenhaus, das gleiche gilt für die Galerien, da ihre Fläche jeweils weniger als ein Drittel des Grundrisses ausmacht.

Zum Einbau der mittleren Atelierwohnung war es nötig, die vorhandene Decke vorsichtig zu öffnen, ohne die darunterhängenden Stuckdecken zu beschädigen (Ein falscher Tritt ...), niveaugleich Stahlträger zur Lastabtragung einzuziehen und die Kragarme für den Erker einzubringen. Da diese etwas stärker ausgelegt werden mußten, ergab sich das willkommene Podest, das diesen exzeptionellen Ausguck in fast zwanzig Meter Höhe heraushebt. Leider konnten die Architekten ihren Vorschlag für den Erker nicht durchsetzen, der eine differenziertere Gestaltung vorsah. Diese aber war den Stadtplanern zu spektakulär, auch wenn sich in der Nachbarschaft die Häuser mit ihrem vielfältig-eklektischen

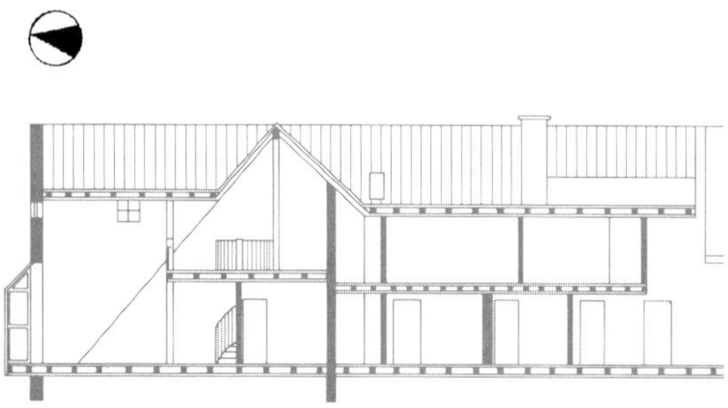

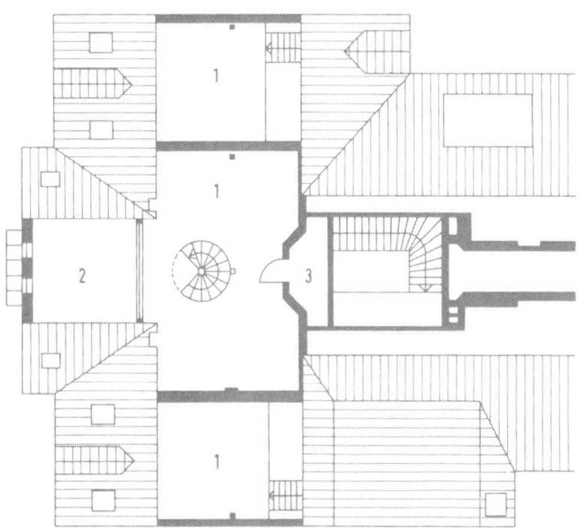

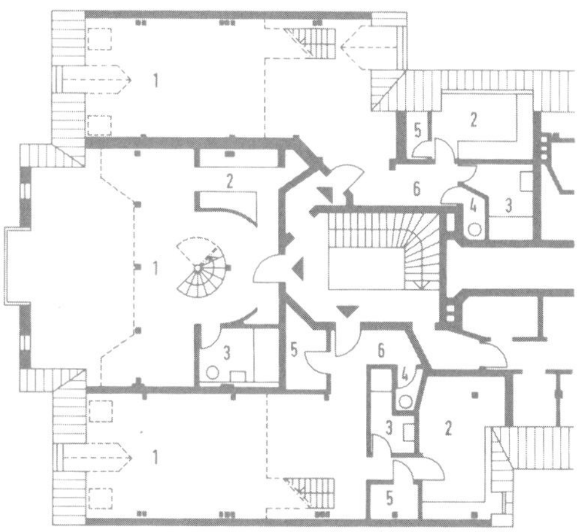

Schnitt und Grundrisse im M. 1: 300. Dargestellt ist die mittlere Einraumwohnung. Untere Ebene: 1 Wohnen, 2 Küche, 3 Bad. Obere Ebene: 1 Galerie, 2 Luftraum, 3 Abstellraum.

Die Abbildung vermittelt den Eindruck eines Zeltdaches von immenser Höhe. Das Podest ist als Folge der Kragkonstruktion für den Glaserker notwendigerweise entstanden: Sie ließ sich nur auf die vorhandene Deckenkonstruktion auflegen und mit dieser verbinden ohne Beeinträchtigung der darunterliegenden Wohnung.

In diesem Zelt der hohen Dachwohnung haben auch kleine Räume durch ihre Lage unter der Galerie die ihrer Größe und Nutzung entsprechenden Raumhöhen.

Fassadenschmuck geradezu gegenseitig überbieten wollen. Dennoch kein Einsehen. Die rückwärtige Galerie ist eine leichte Holzkonstruktion und dient als nicht einsehbarer Schlafplatz. Die Belichtung erfolgt zusätzlich von oben über Dachflächenfenster und die beiden hochliegenden Quadrate im Giebel. Da neben der Deckenverstärkung konstruktiv nur wenig in die Substanz eingegriffen wurde, konnte der Umbau mit Materialanlieferung über einen Montagelift – sonst hätte doch jeder Handwerker den innenliegenden, original erhaltenen Jugendstilaufzug genommen – in der sehr kurzen Bauzeit von nur vier Monaten durchgeführt werden.

Auf der Galerie verkleinert sich das Zelt und ergibt einen intimen Rückzugsbereich in dem sonst offenen Grundriß. Die Stützenreihe der alten Holzkonstruktion hilft einzelne Nutzungsbereiche wie Essen und Wohnen zu definieren.

Optimierung eines Stadthauses

Architekten:

Max Alioth und Susanne Biedermann, Basel

Wir haben dieses Projekt als einzigen Neubau in die Dokumentation aufgenommen, da es eine Lösung darstellt, deren Ansatz auch für den Umbau alter Stadthäuser mit begrenzter Grundfläche beispielhaft sein kann. Das Grundstück, nur 100 Quadratmeter groß, ließ eine Bruttogebäudefläche von 6,20 x 7,50 Meter zu. In dem sich ergebenden Volumen konnten drei Ebenen untergebracht werden: Ein Hochparterre, ein Obergeschoß und das geräumige Dachgeschoß mit Galerie. Hier befinden sich die Wohnebene mit der Arbeitsgalerie, die Waschküche und die Heizung. Zwischen den Giebelwänden öffnen sich zwei Fassaden gegen Osten und Westen. Auf beiden Seiten steht je ein mächtiger schattenspendender Baum. Es bot sich daher nur im Dachgeschoß die Möglichkeit, Licht und Sonne über Oberlichter ins Haus zu führen. Die Nebenräume, Treppe und Heizung, wurden in diesem Geschoß nur knapp zwei Meter über den Boden geführt. Darüber konnte im Dachraum eine Galerie über die ganze Hausbreite frei aufgehängt werden. Das Licht fällt über das große Glasoberlicht über der Galerie in den Raum. Ein weiteres Glasdach über dem zur Straße gerichteten kleinen Giebel bietet eine zusätzliche Lichtquelle und einen faszinierenden Blick in die Krone der großen Blutbuche an der Straße.

Über dem Boden des Raumes, bis zur höher gelegenen Traufe, wurde auf beiden Seiten ein Band von kleinen Fenstern angeordnet. Diese öffnen den Blick einerseits auf die Straße und andererseits auf den kleinen Gartenhof.

Durch die unkonventionelle Anordnung von Fenstern und Oberlichtern entstand ein Raum mit ungewohntem Ausdruck und besonderer Atmosphäre. Gleichzeitig konnte die ruhige Schieferdachfläche von störenden Dachflächenfenstern freigehalten werden.

Ort: **Basel**
Haustyp: **Kleines Stadthaus**
Wohnfläche: **Dachgeschoß 65 Quadratmeter**
Bauzeit: **1986**
Bauweise: **Betondecke als kleiner Flachdachabschluß mit durchlaufendem Glasoberlicht, geneigte Flächen als 55° Holzsparrendach mit Naturschieferdeckung, Galerie als abgehängte Stahlkonstruktion mit grau gestrichenen Spanplatten.**

Schnitt und Grundrisse im M. 1: 200. Die beiden oberen Dachebenen dienen als Rückzugsbereich. Küche und sonstige Nebenräume liegen im unteren Geschoß.
Untere Ebene:
1 Wohnen, 2 WC.
Obere Ebene: 1 Galerie.

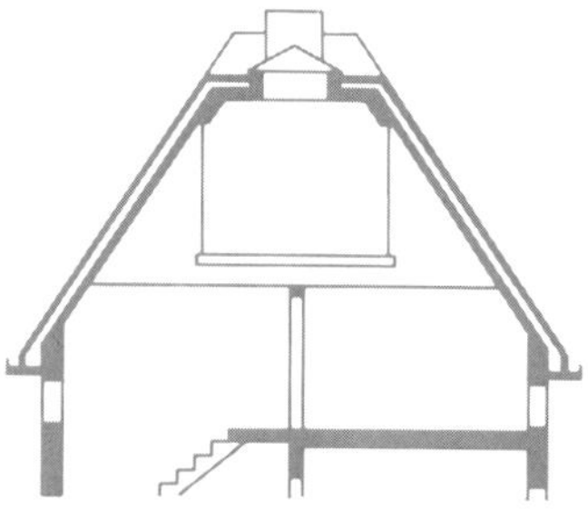

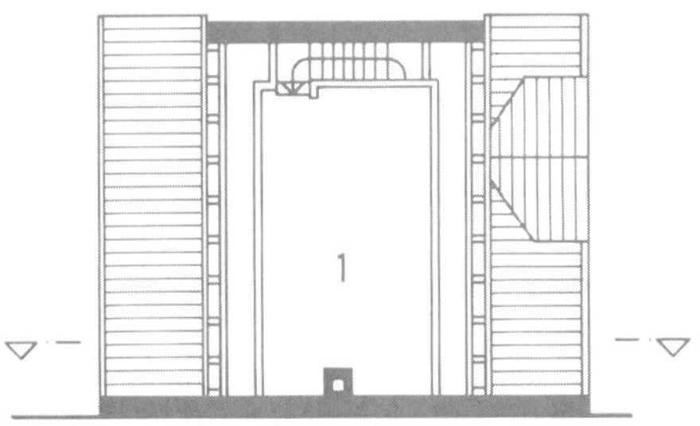

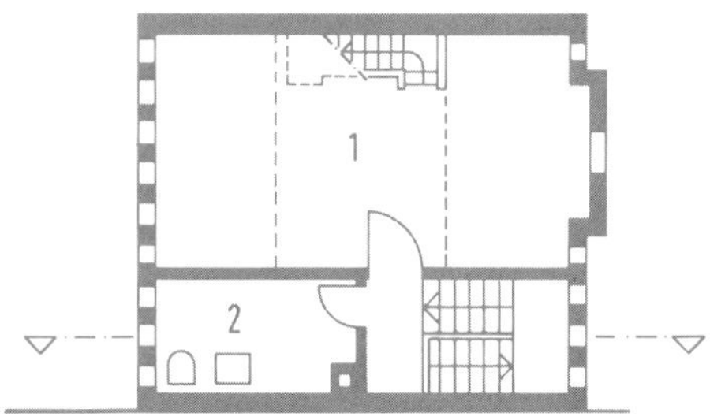

Alle Einbauten bei Treppe und Galerie sind auf ein Materialminimum reduziert und von den sie umgebenden Bauteilen abgelöst, wodurch der Eindruck von Leichtigkeit und Offenheit noch unterstrichen wird.

Besondere Überlegungen wurden bei Form, Lage und Maß der Belichtung angestellt. Sie besteht aus einem Wechsel von kleinen und großen Öffnungen, Gauben und Firstfenstern.

In diesen drei Fotos erkennt man die differenzierte Lichtführung durch verschiedene Elemente, die über ihre eigentliche Aufgabe hinaus den Blick auf einzelne Ausschnitte des Außenraumes konzentrieren. Kleine Öffnungen, zu einem Band addiert, wechseln mit großflächigen Glasprismen über den Gauben und dem gläsernen Firstband.

Ein Berliner Hinterhaus

Architekten: Hennig und Partner, Hamburg

Vorder- und Rückgebäude dieser Altberliner Anlage bedurften dringend der Sanierung. Und da Wohnungen in bester Innenstadtlage so begehrt sind, lohnten sich die Anstrengungen, das leerstehende Dach im Hinterhaus auszubauen. Drei Bauanträge und zwei Jahre Planungsbemühungen waren nötig, um alle beteiligten Behörden zu überzeugen, daß auch im Brandfalle die Dachwohnungen des Hinterhauses ausreichend Fluchtmöglichkeiten besitzen. Im Vorderhaus reicht ein Fenster, an das die Feuerwehr anleitern kann, im Hinterhaus müssen es jeweils zwei voneinander unabhängige Treppenhäuser sein. Aus dieser Konstellation, vier vorhandenen Treppenhäusern, ergab sich dann die Lösung, zwei Dachwohnungen je Haus ausbauen zu können.

Dazu kamen die statischen Probleme. Dreißig Tonnen Stahl mußten eingebaut werden, um den stark »bewaldeten« Dachstuhl einigermaßen stützenfrei zu bekommen und die durch undichte Dächer entstandenen Feuchteschäden aufzufangen. Auch die Lasten der Kamine und der Loggienflächen mußten durch zusätzliche Stahlträger auf die Außenwände abgeleitet werden.

Trotz all der Schwierigkeiten – konstruktive Probleme, Anlieferung des Materials, Umbau über bewohnten Ebenen mit Aufstockungen der Treppenhäuser, um nur einige zu nennen – konnten vier interessante Wohnungen über zwei Ebenen entstehen, die durch ihren Grundriß und die unterschiedliche Belichtung und Besonnung ihren Reiz bekommen.

Im Rahmen der Umbaumaßnahmen wurden auch die alten stillgelegten Aufzüge wieder instandgesetzt. Sie fahren jetzt bis hinauf zur Dachebene und bieten auch allen anderen Wohnungen zusätzlichen Komfort.

Ort: **Berlin**

Haustyp: **Berliner Mehrfamilienhaus mit Vorder- und Hinterhaus**

Wohnfläche: **130 Quadratmeter**

Bauzeit: **15 Monate in 1989/1990 für alle vier Wohnungen**

Bauweise: **Umbau des alten Dachstuhles in Stahlkonstruktion, um freie Flächen ohne Stützen zu erreichen, Reaktivierung des Fahrstuhls mit Aufstockung bis ins Dachgeschoß, Schalldämmung der Decken durch Fließestrich, Einbau von Loggien mit beheizbaren Böden und Abflüssen gegen Frostschäden.**

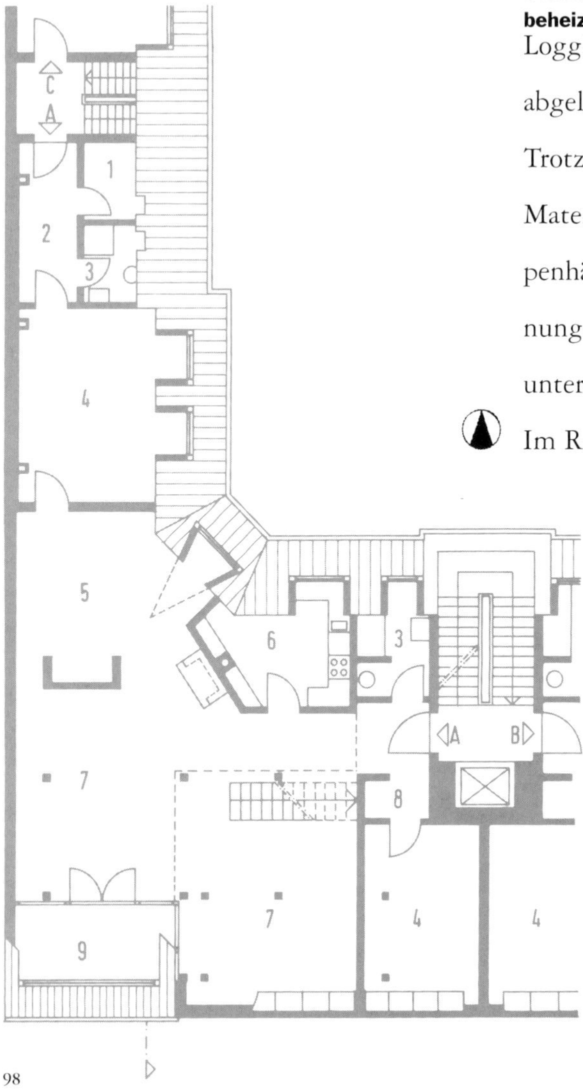

Schnitt und Grundriß im M. 1: 200. Der Grundriß zeigt eine von vier langgestreckten Wohnungen, die aus brandschutztechnischen Gründen jeweils an zwei vorhandene Treppenhäuser angeschlossen sind. 1 Abstellraum, 2 Flur, 3 Bad, 4 Schlafen, 5 Wohnen, 6 Küche, 7 Wohnen, 8 Garderobe, 9 Loggia.

Trotz der erstaunlich großen Anzahl von Holzstützen des alten Dachtragwerks, die schon stark reduziert wurden, wirkt diese Wohnung weiträumig. Der einheitliche Parkettboden und die durchgängige Farbgebung aller Verkleidungen tragen dazu bei.

Kostbarer Wohnraum in der Stadt

Architekt: Völkner und Partner, München

Im Rahmen der vom Keller bis zum Dach reichenden Gesamtsanierung einer Hausanlage mit Vorder- und Rückgebäude, Baujahr 1900, wurde gleichzeitig auch das Dach des ruhig gelegenen Hofhauses aufgebaut: im begehrten Stadtteil Haidhausen, der sich durch besonderen Charme, beste Einkaufsmöglichkeiten und gute Verkehrsanbindung auszeichnet.

Erst einmal stand allerdings die Sanierung der Deckenkonstruktion des alten Speichers an, die aufgrund des lange Zeit undichten Daches stark beeinträchtigt war. Schadhafte Konstruktionsteile mußten ausgewechselt oder durch Zulagen wieder tragfähig gemacht werden.

Ort: **München**
Haustyp: **Mehrfamilienhaus von 1900, Hinterhaus**
Wohnfläche: **125 Quadratmeter**
Bauzeit: **7 Monate in 1989**
Bauweise: **Sanierung des alten Dachstuhles, Neueindeckung in Zinkblech, kostengünstiger Ausbau mit Dachterrasse und vorgehängtem Balkon.**

Die verhältnismäßig kleine Grundfläche sollte durch Offenheit und eine großzügige Belichtung optisch weiträumig erscheinen. Erreicht wurde dieser Eindruck durch die Betonung des Volumens und die Vielfalt des Angebotes: Große Raumhöhen schaffen die Weite, die Dachfirstverglasung öffnet den Wohnraum in der Vertikalen. Die Galerie verstärkt diesen Eindruck noch, indem sie die Zweigeschossigkeit zeigt. Die Dachterrasse schafft, auch wenn sie nicht sehr groß ist, die Verbindung ins Freie mit dem Blick über die Stadt. Dieser wohlproportionierte Einschnitt in die Dachfläche ist auch willkommener luftiger Eßplatz im Sommer mit wintergartenartiger Glasfassade zur Küche. Auch das Bad erhält das natürliche Licht durch eine geschwungene Glasbausteinwand.

Ein nicht zu entfernender Schornsteinblock schafft den nötigen räumlichen Abstand zwischen Küche und Wohnraum. Zur Vergrößerung der Wohnfläche wurde im Wohnraum in Firstrichtung eine schwebende Galerie aus Stahlbauteilen eingebaut, auf die man über eine gläserne Brücke gelangt. Die transparente Konstruktion, dünne Stahlprofile und ein zusätzliches Oberlicht bewirken, daß der unter der Galerie liegende Teil des Wohnraums hell und licht bleibt.

Schnitt und Grundriß im M. 1: 200. Der Schnitt zeigt die gute Ausnutzbarkeit eines Mansarddaches. 1 Diele, 2 Wohnen/Essen, 3 Küche, 4 Bad, 5 Schlafen, 6 Dachterrasse, 7 Balkon.

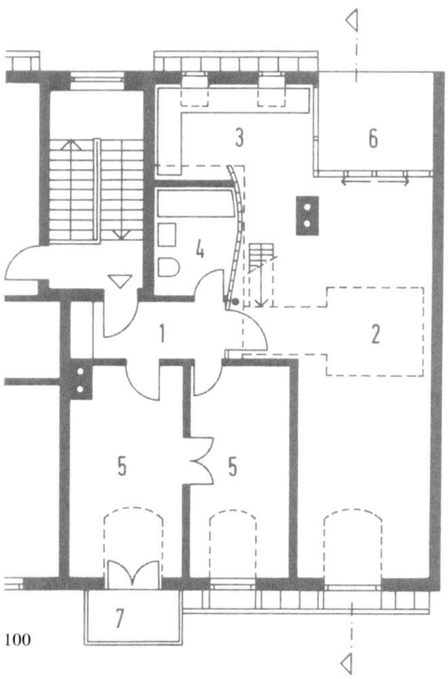

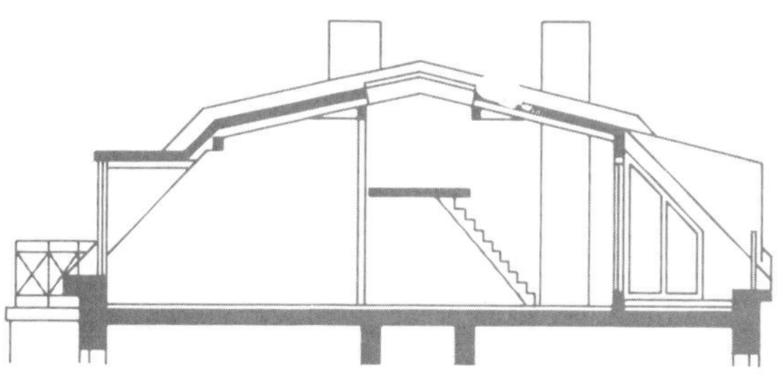

Oben und unten rechts: Die unter der Schräge liegende Küche wird durch die eingeschnittene Dachterrasse räumlich erweitert und zusätzlich belichtet. Die aus der Wohnfläche herausgeschnittene Dachterrasse verringert zwar die Nutzfläche, verlagert dafür den Garten auf das Dach, der eine ganz besondere Wohnqualität liefert.
Unten links: Zusätzliche Nutzfläche erbrachte hier, von oben belichtet, ein gering dimensioniertes, an der alten Konstruktion aufgehängtes Stahlpodest mit einer gläsernen Brücke als Zugang.

Ein Fachwerkhaus unter Denkmalschutz

Architekten: Sybille und Ditmar Plesch, Leonberg-Eltingen

Nach dem Erwerb des alten Fachwerkhauses von 1791 gingen die Architekten an die Planung: Zeitplan und Budget verlangten eine Sanierung des Hauses in überschaubaren Abschnitten: Nach der Renovierung der drei Normalgeschosse einschließlich der Fassade, der Dachdekkung und der Schrägverglasung wurde der Innenausbau des bereits notdürftig hergerichteten Dachgeschosses vorgenommen. Da das Haus unter Denkmalschutz steht, begannen gleich die ersten Schwierigkeiten. Die Planung eines Dacheinschnittes für eine Terrasse wurde vom Denkmalschutzamt nicht genehmigt. Zugestanden wurden zwei übereinanderliegende Gauben, die jetzt den ganzen, ehemals vollkommen dunklen Dachraum ausleuchten.

Wesentlicher Entwurfsgedanke war die Organisation eines möglichst offenen Grundrisses, in dem niedrige Räume mit solchen, in denen das ganze steil geneigte Dach wahrnehmbar ist, wechseln sollten. Durch die Lufträume ist die Zweigeschossigkeit und Größe des Dachausbaus eindrucksvoll erkennbar. Große Sorgfalt widmeten die Architekten der alten Bausubstanz des Fachwerkhauses. Die sichtbare Konstruktion aus Stützen, Riegeln, Windverbänden und Sparren wurde nicht angetastet, sondern nur gereinigt und schwarz lasiert. Auch der Einbau der doppelten Dachgaube im Wohnraum berücksichtigt die alte Struktur mit ihren kleinteiligen Fachwerkachsen. In Erinnerung an den alten Zustand wurden in die Fachwerkhäuser wieder Fragmente der alten Steinausfachungen eingemauert. Als Kontrast zu der alten Konstruktion stehen deutlich abgesetzt die neuen Bauteile: Weiße Steinfußböden, die Stahltreppe, die Stahlgeländer der Galerie, neue Holzfußböden, Stahlverbindungselemente und weiße Gipskartonwände.

Ort: **Leonberg**
Haustyp: **Fachwerkhaus von 1791**
Wohnfläche: **110 Quadratmeter**
Bauzeit: **1988 – 1990**
Bauweise: **Entkernte Fachwerkkonstruktion mit Deckendurchbrüchen und neu eingezogener Galerie, wintergartenartige Ganzglasgaube.**

Schnitt und Grundrisse im M. 1:200, Untere Ebene: 1 Bad, 2 Küche, 3 Dusche, 4 Essen, 5 Wohnen. Obere Ebene: 1 Luftraum, 2 Schlafen, 3 Bibliothek, 4 Arbeiten.

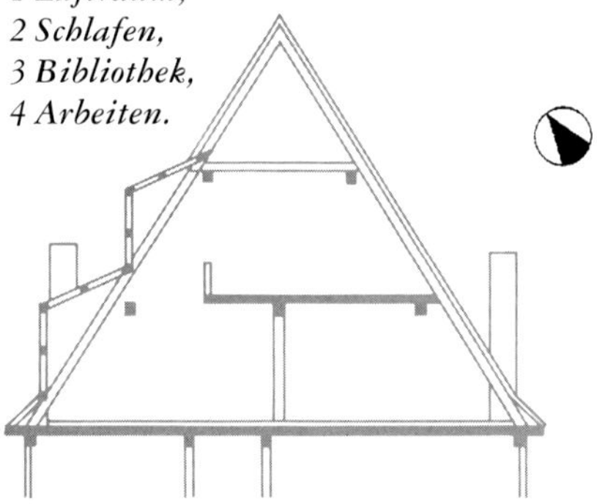

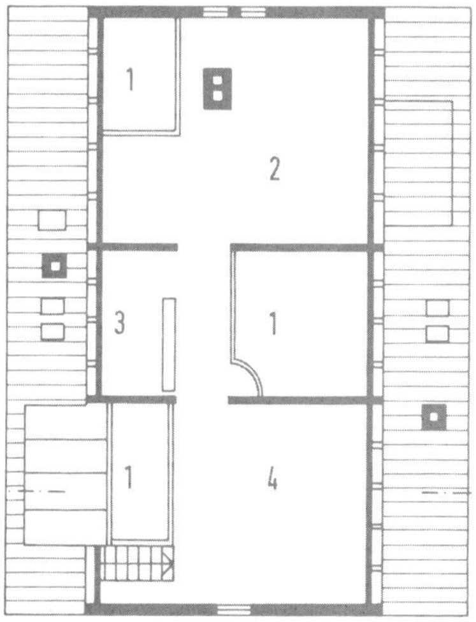

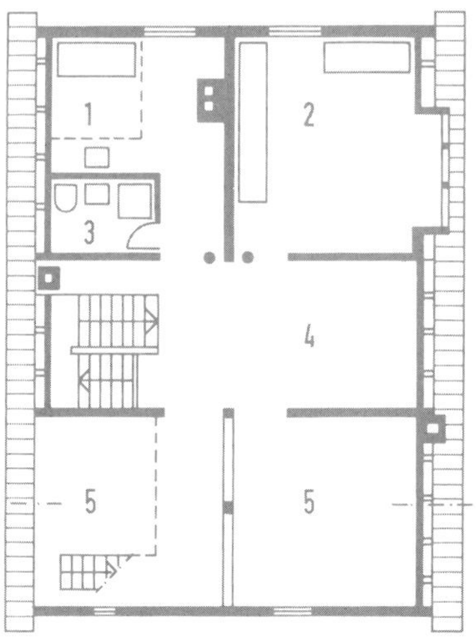

Der Respekt vor der Qualität des denkmalgeschützten Fachwerkhauses hat zur Erhaltung und Freilegung des alten Holztragwerks geführt. Teile der Ausfachungen aus Naturstein wurden als Erinnerung an die historische Substanz wieder eingebaut. Den Ausgleich für die beschränkten Belichtungsmöglichkeiten durch die alten Fenster schaffen die weißen Reflektionsflächen des Fußbodens und der Wände.

Eine Sanierung setzt Akzente

Architekten:

Dahlbender, Gatermann, Schossig, Köln

Der Dachausbau ist Teil der Gesamtsanierung des Grundstücks mit Vorderhaus und eng anschließendem Hofgebäude, das in einer geschlossenen Straßenzeile in Köln-Deutz steht.

Das Entwurfskonzept: Die Fassade mit der Traufhöhe und den bestehenden symmetrischen Fensteröffnungen bleibt bestehen. Um den relativ flach gedeckten Dachraum zu nutzen, wird quer zum Satteldach eine Tonne durchgesteckt, die sich in der Straßen- und Hofseite als Giebel abzeichnet und der tristen Fassade ein klares, entschlossenes Gesicht gibt.

Das Vorder- und das Hinterhaus werden im ersten Obergeschoß durch eine verglaste Brücke verbunden, das zweite Obergeschoß und das Dachgeschoß werden zu einer Maisonettewohnung zusammengefaßt, sowohl um Fläche zu gewinnen als auch zur Verbesserung der architektonischen Raumqualität. Der Kleinteiligkeit des Wohngeschosses wird als Kontrast ein großer Studioraum aufgesetzt: Ausgefallenes, sichtbares Dachtragwerk mit Unterspannkonstruktion, präzise Detaillierung, plastische Raumgliederung, qualitätvoller Bodenbelag und eine akzentuierte Farbgebung der tragenden Elemente bestimmen den kühl-eleganten Eindruck dieses neu entstandenen Studios.

Die Konstruktion des alten Hauses aus massiven Ziegelwänden wurde beibehalten und quasi als Rohbau genutzt. Die Treppe und die Decken wurden neu in Stahlbeton ausgeführt, die gesamte technische Ausstattung wurde erneuert. Das Dach wurde in Anlehnung an die Nachbarhäuser mit grauen Pfannen gedeckt, die quergesteckte Tonne erhielt eine Metallhaut.

Ort: **Köln**

Haustyp: **Kleines dreigeschossiges Mietshaus mit Hofbebauung**

Wohnfläche: **Neues Dachstudio mit 44 Quadratmetern**

Bauzeit: **1987/1988**

Bauweise: **Gesamtsanierung und Neuorganisation des Altbaus mit Dachausbau durch aufgesetzte Tonne über der gesamten Gebäudetiefe, Gestaltung der Hofsituation als grüne Insel in der »steinigen« Umgebung.**

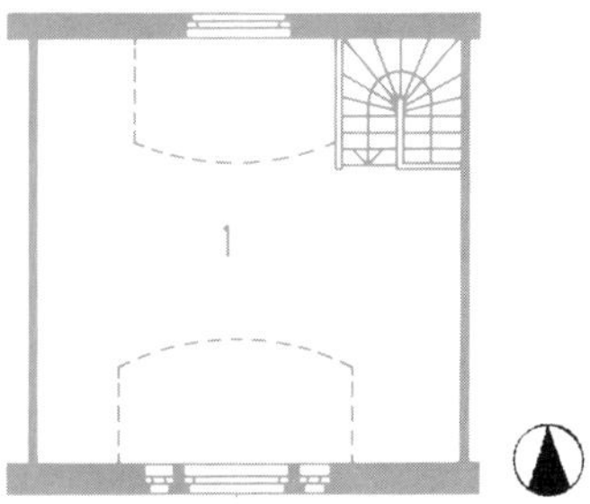

Grundriß im M. 1: 200. Bei diesem Grundriß handelt es sich um einen Ausbau, der die geringe, darunterliegende Wohnfläche ergänzt. 1 Wohnstudio. Die Isometrie zeigt den Umfang der gesamten Baumaßnahmen.

Wesentliche Teile dieses Dachausbaus sind die im Rahmen der Gesamtsanierung des Hauses aufgebauten, in der Fassadenebene liegenden Gauben. Der ohnehin kleine Dachraum konnte durch die Verwendung eines sich von Giebelwand zu Giebelwand spannenden Fachwerkträgers stützenlos überdacht werden. Der Raum lebt von seiner spartanischen Strenge.

Dachausbau eines fünfgeschossigen Wohnhauses

Architekt:

Falk von Tettenborn, München

Das fünfgeschossige Gebäude aus der Jahrhundertwende, dessen Dach zu zwei Wohnungen ausgebaut werden sollte, ist Teil eines unter Denkmalschutz stehenden Ensembles. Damit waren die Probleme mit der Belichtung vorgegeben. Erst nach langwierigen Verhandlungen mit der Gestaltungskommission der Stadt wurden auf der Straßenseite die notwendigen Eingriffe in die Dachfläche in Form von drei kleineren und einer großen, giebelförmigen Dachgaube genehmigt. Dem Wunsch des Bauherrn nach einer großzügigen Terrasse vor den Wohnungen konnte nur auf der Gebäuderückseite entsprochen werden. Hierzu wurde das abgewalmte Dach abgebrochen und im Bereich der Küche angehoben. Der vor die Fassade gestellte Stahlbalkon ist über die Küche erreichbar und lädt zum Essen im Freien ein.

Das häufig auftretende Problem des zweiten Fluchtweges von Galerien ist hier besonders geschickt und gestalterisch überzeugend gelöst worden: Die Treppenläufe des Haupttreppenhauses reichen nur bis zur Eingangsebene der Dachwohnungen. Die Galerieebene wurde daher mit einer filigranen im Treppenauge stehenden Wendeltreppe verbunden, separater Eingang und sicherer Fluchtweg zugleich. Im Inneren führt eine Holztreppe auf die Galerie. Durch den Bau der großen giebelförmigen Dachgaube erfahren Wohnraum und Galerie eine besonders gute Belichtung und Besonnung. Außen nimmt die Gliederung des Gaubenfensters die Elemente der Fassade auf und bildet so einen ganz selbstverständlichen Abschluß des Gebäudes in der Dachzone.

Ort: **München**
Haustyp: **Großes Mehrfamilienhaus um 1900**
Wohnfläche: **Jede Wohnung 110 Quadratmeter**
Bauzeit: **1989**
Bauweise: **Ausbau des Pfettendachstuhls mit Dachanhebungen und neuen Gauben und Einbau einer Galerie.**

Schnitt und Grundrisse im M. 1: 200. Aus brandschutztechnischen Gründen erhält die obere Galerieebene einen Zugang zum Haupttreppenhaus mit eingestellter Wendeltreppe.
Obere Ebene: 1 Luftraum, 2 Galerie, 3 Bad, 4 Zimmer.
Untere Ebene: 1 Wohnen/Essen, 2 Diele, 3 Küche, 4 Bad.

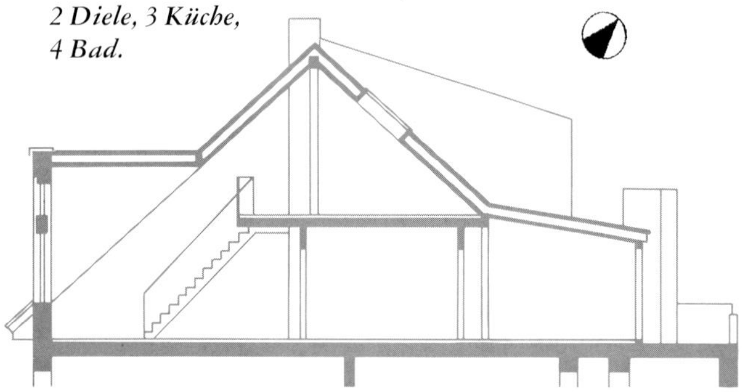

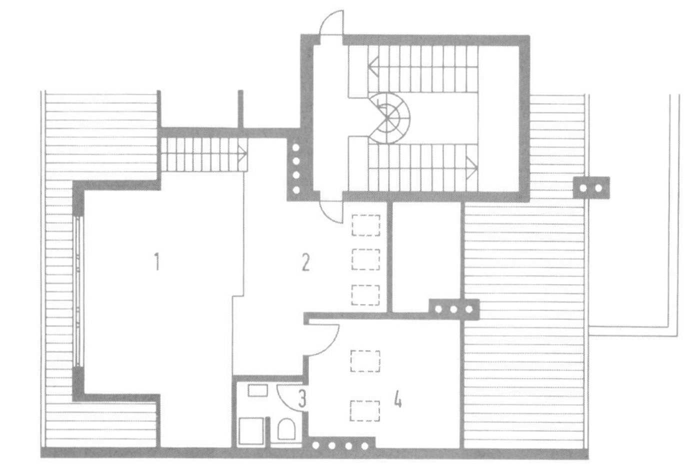

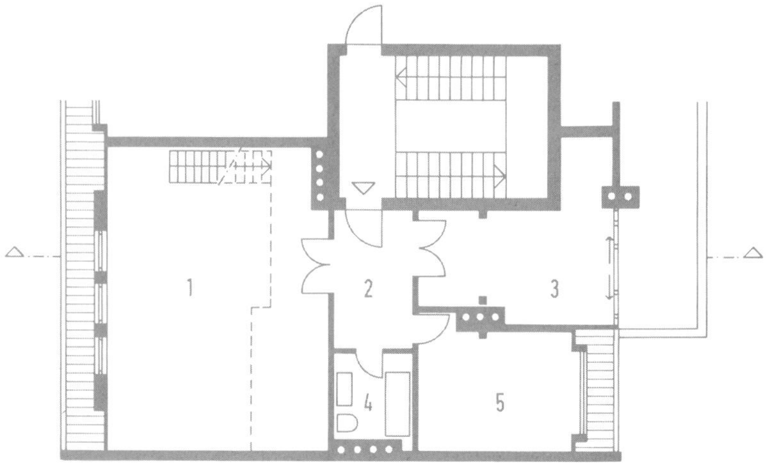

Die Formensprache des alten Hauses wurde im Innenraum wie auch in der Fassade übernommen und weitergeführt.
Wesentliches, raumbildendes Element ist die neue giebelförmige Gaube, die den tiefen Grundriß belichtet.
Die Wahl der Gestaltungsmittel und Materialien gibt einen Eindruck von Selbstverständlichkeit. Auf formale Brüche wurde bewußt verzichtet.

Umbau

Wohnen unter dem Dach

Fünfzehn Projekte

*Erste Überlegungen für einen Umbau eines Dachgeschosses aus den 70er Jahren: ein Beispiel für die Auseinandersetzung mit historischer Umgebung.
Architekt:
Hans H. Seibold, Hamburg*

Dachgeschoß-umbau einer Stadtvilla

Architekten: Bertram und Bünemann, Hannover

Ort: **Hannover**
Haustyp: **Mehrfamilienhaus von 1890**
Wohnfläche: **120, Dachterrasse 40 Quadratmeter**
Bauzeit: **6 Monate 1985**
Bauweise: **Ausbau mit Dämmung der vorhandenen, intakten Dachkonstruktion, Öffnen der Dachfläche nach Osten zur Belichtung des Wohnraumes, zusätzliche Arbeitsgalerie und Aufbau einer großen Terrasse als Garten über der Stadt.**

Die »guten« alten Zeiten mit den Mädchenzimmern unterm Dach sind Vergangenheit. Wohnqualität und Architektur des »herrschaftlichen« Hauses aber haben bis heute nichts von ihrem Reiz verloren: Die ruhige Lage am südlichen Teil des Maschsees mit weitem Blick über Parkanlagen hinweg auf Rathauskuppel und Turmspitze der alten Marktkirche - vertraute Insignien der Stadt.

Dieser für Hannover besonders schöne Blick bestimmte die Grundrißanlage. Das Eßzimmer mit tonnenförmigem Dach, fast sakral in seiner Wirkung, ist auf dieses Panorama ausgerichtet und schwebt, einem Luftschiff gleich, der fernen Innenstadt entgegen. Die als private Galerie genutzten senkrechten Wände und das hohe Kuppeldach lassen den Dachgeschoßcharakter großzügig hinter sich.

Nach Osten liegt auf einem kleinen Vordach der Frühstücksbalkon, »Abfallprodukt« der neuen Dachdeckung und gleichzeitig gestalteter Abschluß der Dachkrone. Vor dem Eßzimmer, als Verlängerung des Innenraums liegt die fast vierzig Quadratmeter große Dachterrasse mit weißem Schiffsgeländer und Positionslampen, ein geschickter Effekt, der die nicht sehr große Wohnung nachts über sich selbst hinauswachsen läßt. Im Gegensatz zu dieser Weiträumigkeit steht der Zeltcharakter des eher introvertierten Wohnraumes mit kleiner Arbeits- und Büchergalerie. Küche, Bäder und Hausarbeitsraum wurden in den Flächen komprimiert. Die beiden abgetrennten Schlaf- und Arbeitsräume flankieren den Wohnbereich und bilden die nötigen Rückzugsbereiche.

Entstanden ist ein offener Grundriß ohne jede Flurfläche, der die geringen Dachmaße qualitätvoll ausnutzt. Die gesamte Dachkonstruktion mit außenliegender Wärmedämmung wurde sichtbar belassen und weiß gestrichen. Die zum Teil für diese Wohnung entworfenen Möbel und Objekte runden die Inszenierung ab.

Schnitt und Grundriß im M. 1: 200, 1 Arbeiten, 2 Essen, 3 Küche, 4 WC, 5 Wohnen, 6 Bad, 7 Schlafen.

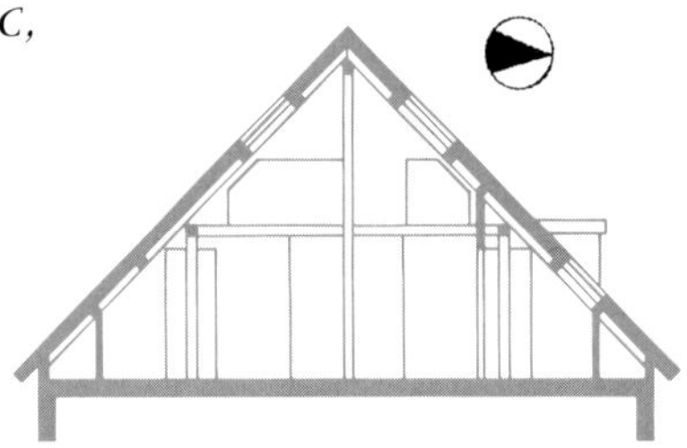

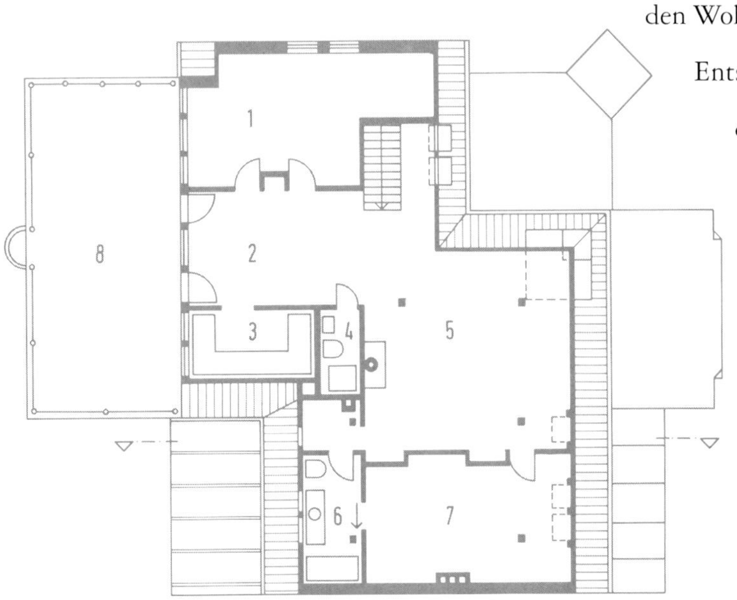

Über dem Schlafraum liegt die mittels einer Leiter erreichbare Arbeitsgalerie mit Belichtung über Dachfenster: ein Beispiel für äußerste Raumausnutzung bis in die Dachspitze.

Im Gegensatz zu der herkömmlichen Satteldachkonstruktion steht die neue Dachtonne aus Holzbauteilen, die das Satteldach mit seinen Dachschrägen zu einem vollwertigen Raum ohne Schrägen erweitert.

Die ehemalige Bodentreppe bildet heute den Zugang zu der großzügigen Wohnung unter dem Satteldach.

Diese südländisch anmutende Dachterrasse verbirgt ein ehemaliges Flachdach und erweitert das Dachgeschoß um einen reizvollen Außenraum. Die mit dem Dachausbau entstandenen Balkongitter runden die Erscheinungsform des alten Hauses ab: eine Reminiszenz an frühere, gußeiserne Dachkronen.

Qualität durch Rückbau

Architekt: Christian Möller, Frankfurt

Ein sicher seltener Fall. Der Bauherr erwirbt – nicht eben billig – eine etwa 100 Quadratmeter große Dachgeschoßwohnung, die erst Anfang der achtziger Jahre aufwendig ausgebaut worden war: mit viel rustikalem Sichtmauerwerk, Marmor und zuviel Messing. Die Architektur der Wohnung entsprach weder seinen Raum- noch seinen Materialvorstellungen. Es mußte also noch einmal umgebaut werden.

Ort: **Frankfurt**
Haustyp: **Stadthaus aus der Gründerzeit**
Wohnfläche: **100 Quadratmeter**
Bauweise: **Holz-Dachkonstruktion als Pfettendach mit neuen Stahlstützen anstelle der alten Holzpfosten.**

Ein Monstrum von offenem Kamin wurde abgebrochen, Marmorplatten entfernt, auch eine gewaltige runde Badewanne mußte weichen, kurz: die typischen Insignien einer vermeintlichen Luxuswohnung, die sich allzu schnell überlebt haben.

Der Umbau sollte aufgrund der beschränkten finanziellen Möglichkeiten des Bauherrn sowohl im Grundriß als auch in der Materialwahl sehr einfach und zweckmäßig angelegt werden. Gewünscht wurden ein möglichst offener Grundriß mit vielfältigen Blickbeziehungen und Wegemöglichkeiten und vor allem eine besonders gute Belichtung. Die vorhandene Holzkonstruktion des Daches wurde bis auf den Rost aus Kehlbalkenlage und die sie tragenden Mittelpfetten abgebaut, die Holzpfosten durch schlankere Stahlprofile ersetzt, Zwischenwände entfernt, zusätzliche Dachfenster und Gauben für das neue Belichtungskonzept eingebaut. Das Ergebnis: Eine Dachwohnung, in der nur die privaten Räume wie Schlafzimmer und Bad abgeschlossen, die Bereiche Wohnen, Essen, Kochen und Arbeiten jedoch offen ineinander übergehen. Dabei lassen die kleinen, zum Teil verspiegelten Rückzugsräume den offenen Wohnteil ungewöhnlich groß erscheinen. Der transparente Deckenrost und die indirekte Beleuchtung unterstreichen diese Offenheit und entmaterialisieren das eigentlich Massive der geschlossenen Dachschrägen. Von der quadratischen, über ein Oberlicht belichteten Diele führt ein tunnelartiger kurzer Gang in den sich aufweitenden Wohnbereich, an dessen Anfang die beiden voluminösen Schornsteine stehen, die tor-

Grundriß des zurückgebauten Dachgeschosses im M. 1: 200, 1 Schlafen, 2 Büro, 3 Wohnen, 4 Aufzug, 5 Flur, 6 WC, 7 Bad, 8 Küche, 9 Essen, 10 Terrasse. Erste Skizzen zeigen die Entwurfsidee.

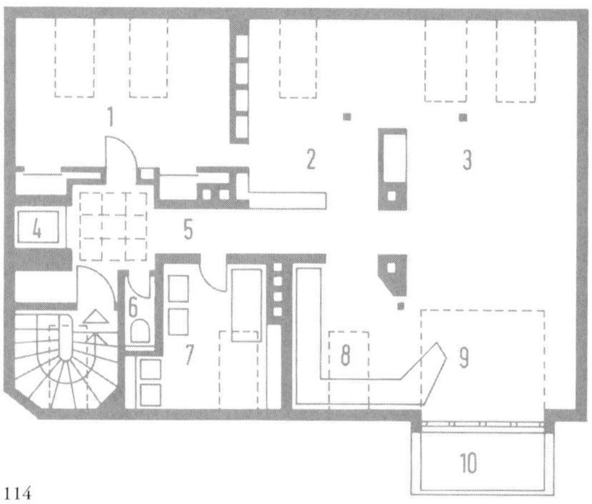

Die alte zimmermannsmäßige Holzkonstruktion wurde sorgfältig freigelegt, nach oben geöffnet und in Gegensatz zu den glatten weißen Einbauten gestellt.

artig zusammengefaßt wurden. Alle neuen Einbauten zeigen eine präzise und nüchterne Formensprache. Den Kontrast bildet der Rost der Balkenlage. Die eher ruppige Oberflächenbeschaffenheit des alten Holzes und seine vertraute Farbgebung verweisen auf die Gebrauchsspuren des alten Hauses, demonstrativ, aber ohne Zeichen anbiedernder Gemütlichkeit.

Das alte Haus bringt sich durch die freigelegte Deckenkonstruktion neben modernen Einbauten in Erinnerung. Sie wird von einem zeitgemäßen Stahlbauteil unterstützt.
Unten: Die Zimmermannskonstruktion mit Zapfen steht gegen ein sorgfältiges Stahlbaudetail in respektvollem Abstand.

Erweiterung einer ehemaligen Behelfswohnung

Planung: P.I.S.A. GmbH, Hamburg

Wer einmal eine solche Behelfswohnung mit ihren kleinen Kämmerchen gesehen hat, der weiß, welcher »Vision« es bedarf, ein so düsteres Dachgeschoß anzufassen, wenn diese Raumvorstellungen gestellt werden: Konzept einer offenen Wohnung mit unterschiedlichem, charakteristischen Lichteinfall zu jeder Tageszeit, einem separaten Schlaf- und Saunatrakt und einer Dachterrasse. Da der nutzbare Grundriß Fläche, große Fenster und damit Belichtungsmöglichkeit nur nach Osten bot, wurde zusätzliches, wechselndes Licht über ein kreuzförmiges Oberlicht in den Wohnbereich geleitet. Eine scheibenartige Kaminwand und das Podest trennen den Wohnraum vom Eingangsbereich ab. Die aus der Fassadengliederung entwickelten großen Fensteröffnungen schaffen die gewünschten unterschiedlichen Licht- und Schattenspiele auf den Wänden.

Der strapazierte Eingangsbereich, Küche und Bäder wurden in grauem Granit ausgeführt, der Wohn- und Schlafbereich podestartig erhöht und mit Wollteppichen belegt. Die Terrasse wurde in das Dach eingeschnitten. Sie gilt damit baurechtlich als Galerie. Die vertiefte Lage bietet einen hervorragenden Windschutz in immerhin 20 Metern Höhe.

Ort: **Hamburg**
Haustyp: **Großes Jugendstil-Mehrfamilienhaus**
Wohnfläche: **180 Quadratmeter und Dachterrasse**
Bauzeit: **1989/1990**
Bauweise: **Umbau mit Verstärkungen und Dämmung der intakten Dachkonstruktion, Ummantelung der Stützen und Verkleidung der senkrechten und geneigten Flächen. Einschnitt einer Dachterrasse.**

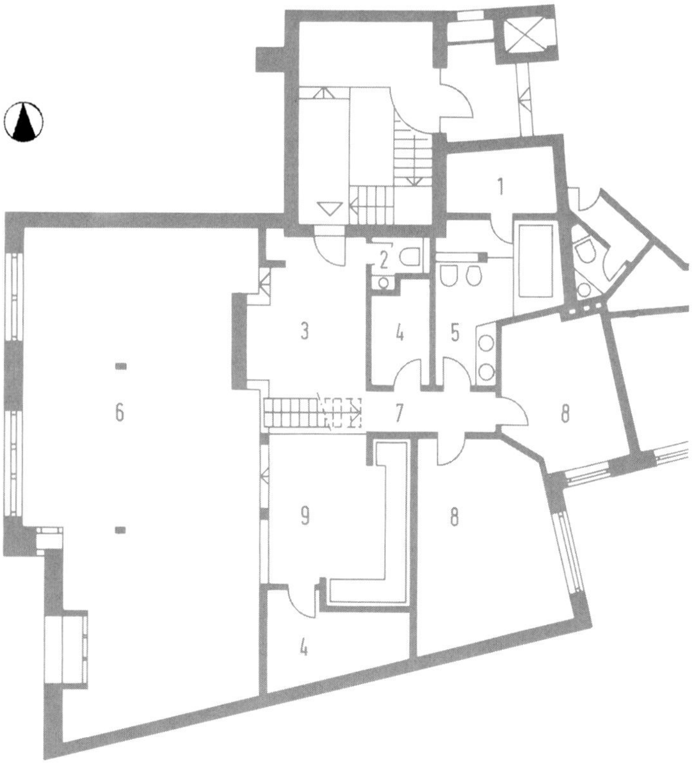

Eine Dachwohnung, die nicht in Erscheinung tritt, sondern sich der alten Fassade unterordnet. Grundriß im M. 1: 200, 1 Sauna, 2 WC, 3 Diele, 4 Abstellraum, 5 Bad, 6 Wohnen, 7 Flur, 8 Schlafen, 9 Küche.

Die alte aus Brandschutzgründen jetzt verkleidete Holzkonstruktion wirkt zusammen mit der Schornsteinwand als raumbestimmendes Element.
Die Dachkonstruktion wurde zugunsten eines Oberlichtes unterbrochen: Südsonne auch für die Tiefe des Grundrisses. Über die steile Treppe wird ein geschützt liegender Dachgarten mit weitem Rundblick erschlossen.

Die ehemals waagerechten Oberlichter wurden durch hohe Fenster mit leichtem Stichbogen ersetzt. Die Fensterform zieht sich als tonnenförmige Decke in den Raum hinein. Im Zusammenhang mit der alten Stütze bildet sich ein eigener Fensterraum.

Die innenliegende Küche, häufig problematisch, wird durch das Entfernen von Wänden in den Wohnraum einbezogen und belichtet. Durch den Wechsel im Fußbodenbelag wird sie optisch wieder zu einem eigenen Bereich.

Ein repräsentatives Dachgeschoß

Architekt:

Architekturbüro Stiebale, München

Ort: **München**

Haustyp: **Mehrfamilienhaus um 1900**

Wohnfläche: **300 Quadratmeter**

Bauweise: **Vorhandene Holzdachkonstruktion durch Stahlgerüst zur Aufnahme der Bibliothekslasten verstärkt. Leichte Raumtrennwände aus Gipskarton, Parkettböden aus Amerikanischem Ahorn, alle Abdeckplatten aus weißem Granit.**

Der Bauherr stellte dem Architekten die reizvolle Aufgabe, zwei bereits ausgebaute, übereinanderliegende Dachgeschosse zusammenzufassen und vollkommen umzubauen.

Das neue Raumprogramm für die nun etwa 300 Quadratmeter große Wohnfläche hatte einige spezifische Wünsche des Bauherrn zu berücksichtigen. Ein besonderes Anliegen war die Gestaltung der Bibliothek mit ausreichenden Regalflächen für über 10 000 Bände und die Schaffung großer Wandflächen für die Präsentation von Gemälden und grafischer Kunst. Dieser repräsentative Teil der unteren Wohnung sollte auch für Empfänge und die Bewirtung von Gästen angemessen ausgelegt werden. Diese Wünsche verlangten nach einer neuen Grundriß-, Raum- und Wandkonzeption. Darüber hinaus sollten die von den früheren Bewohnern übernommenen Bäder, die sanitäre Ausstattung und die Küchen ebenfalls baulich verändert und umgestaltet werden. Die umfangreichen Standflächen für die Bücherregale erforderten erst einmal den Einbau zusätzlicher Stahlträger mit einer Steghöhe von immerhin 18 Zentimetern von Außenwand zu tragender innerer Mittelwand. Diese Träger wurden über den bestehenden Fußboden gelegt, da ein Eingriff in die Decken des darunterliegenden Geschosses ausgeschlossen war. Auch die Lastabtragung der neuen stählernen Wendeltreppe konnte nur durch Stahlträger sichergestellt werden. Die Verkleidung dieser frei aufliegenden Träger führte zur Anlage eines um 30 Zentimeter aufgedoppelten Bodens. Durch diese Maßnahme wurden die vormals viel zu hohen Brüstungen der Fenster auf das richtige Maß von unter einem Meter reduziert. Diese konstruktiv erforderlichen Maßnahmen der Podeste ergaben gleichzeitig eine interessante Höhendifferenzierung der Räume in der unteren Ebene. Der neue Deckenausschnitt für die Stahl-Wendeltreppe, die jetzt die interne Verbindung zur oberen Wohnebene schafft, liefert zusätzliches Licht für den unteren Arbeitsraum und ermöglicht auch den optischen Kontakt zwischen den beiden Dachgeschoß-

Schnitt über drei Ebenen im M. 1: 200. Grundriß der unteren Dachebene im M. 1: 200, 1 Diele, 2 Garderobe, 3 Abstellraum, 4 Bad, 5 Vorraum Bad, 6 WC, 7 Küche, 8 Essen, 9 Gästezimmer, 10, 11 Arbeiten, 12 Wohnen.

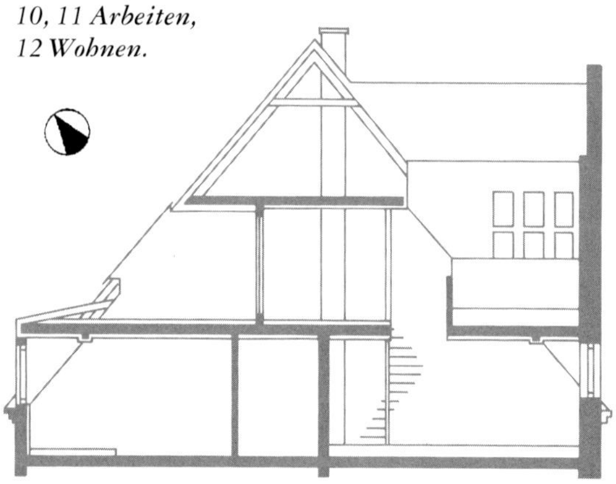

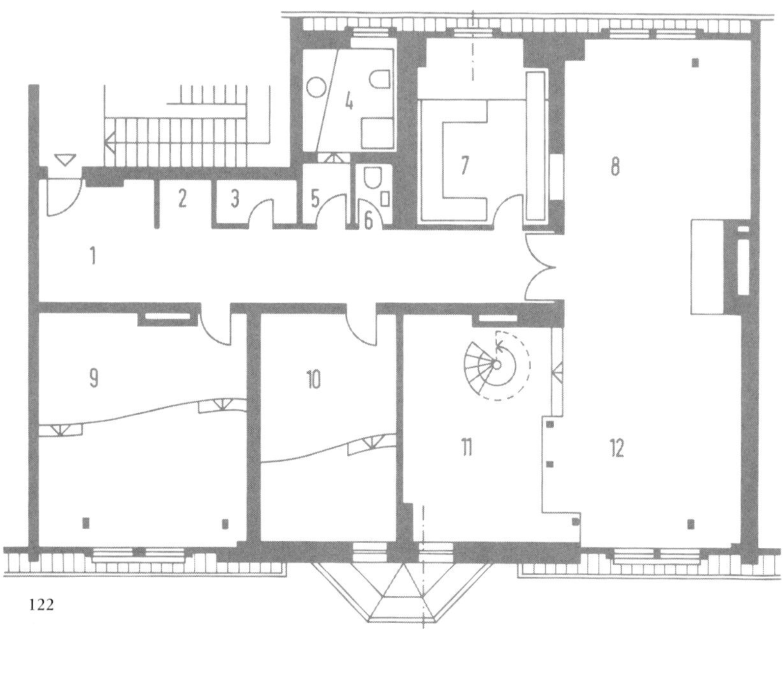

Nachträglich eingebaute Galerietreppen bedeuten zusätzliche Lasten. Filigrane, stählerne Spindeltreppen reduzieren das Gewicht. Dennoch ist zumeist eine Abfangung in Deckenebene erforderlich, die zu reizvollen Podesten im Raum führen kann.

Beim Einbau von Dachgauben werden häufig und aufwendig Dachsparren ausgewechselt. Bei diesem Beispiel wurde die Sparrenkonstruktion belassen und die Fenster im Sparrenmaß aufgestellt: So entstanden senkrechte Wandflächen, die dem Raum zusätzlich Höhe geben.
Unten links: Ein notwendigerweise langer, den ganzen Grundriß durchziehender Flur wird hier zur Bildergalerie.
Unten rechts: Die hohen Lasten der Bücherregale konnten nur durch Überzüge abgefangen werden; sie führen zu den den Raum gliedernden Podesten.

ebenen. Ausreichende Hängefläche mit entsprechender Beleuchtung für die Kunst erfüllt der vom Eingang bis in den offenen Eß-, Wohn- und Arbeitsbereich führende Flur, beidseitig immerhin 20 Meter Länge, die Türöffnungen abgezogen.

Die »öffentlichen« Räume der unteren Dachebene erhalten ihren eher formellen Charakter durch einen einheitlichen Parkettboden und die Verwendung von kühlem weißen Granit für die Ablageflächen, die mehr privaten in der zweiten Ebene, der »Barfußbereich«, werden optisch durch einen durchgehenden Wollteppichboden zusammengefaßt.

Die ehemals schlanke Holzkonstruktion wird aus brandschutztechnischen Gründen in der Regel verkleidet und dadurch stärker. Bei sorgfältiger Ausführung können die vielfältig gebrochenen Flächen aber auch zu interessanten Raumgebilden führen. Der Reiz eines Entwurfs mit der konsequenten Planung der Ausführung zeigt sich dann auch im Detail.

Architekturkonzept statt Provisorium

Architekt: Rainer Müller, Hannover

Das alte Haus hat zwar durch Kriegsschäden und – häufig ja genauso folgenschwer – durch Modernisierungsversuche, den Charme seiner Stuckverzierungen eingebüßt, die Lage aber ist unverändert gut: Eine ruhige, grüne Wohnstraße am Ende des Maschsees.

Das Dachgeschoß war provisorisch ausgebaut und ist 1987 als Rohling zur Eigentumswohnung umgewandelt worden. Folgende Entwurfsidee liegt dem Projekt zugrunde: Die Wohnung sollte sich an einem Rückgrat entlang in verschiedene, seitlich abgehende Raumbereiche entwickeln und einen klar definierten Abschluß haben. Diesen bildet das Türenpaar mit dem eingeschlossenen Regal, das, einem perspektivischen Fluchtpunkt ähnlich, die Achse noch einmal täuschend verlängert.

Die quer dazu angeordneten Räume (Essen, Wohnen, Dachterrasse) sind auch wieder auf deutlich markierte Achsen bezogen, die durch Fensterpaare, Positionslampen im Außenbereich und durch die hohen Firstlinien definiert werden. Im Kern sind Bäder und Küche untergebracht, auf der Gegenseite gruppieren sich die Räume um die offene Dachterrasse, den Innengarten.

Aus Kostengründen wurde das Raum- und Materialkonzept sehr einfach und streng angelegt. Die Wohnung sollte erst einmal nur eine ruhige, große und freie Bühne darstellen, die irgendwann, schrittweise, mit Leben und Mobilien gefüllt wird. Das Bühnenbild ist entsprechend zurückhaltend: Weiße Wände und ein gewachstes Eichenparkett als Hintergrund.

Vor der Dachterrasse steht eine mächtige Blutbuche, die in der Blickachse des Eßplatzes steht und das Farbspiel der Jahreszeiten in die Wohnung trägt, genau wie die Sonne, die in der Wohnraumachse »untergeht« und ihr Licht und Schattenspiel auf die Wände zeichnet.

Ort: **Hannover**
Haustyp: **Dreigeschossige Villa von 1913**
Wohnfläche: **120 Quadratmeter**
Bauzeit: **1987**
Bauweise: **Umbau des provisorischen Dachausbaus mit neuem Grundrißkonzept, Dachterrasse, Kamin und gesamter technischer Neuinstallation.**

Auch wenn das alte Haus durch lieblose Sanierungsmaßnahmen sein Gesicht verloren hat, konnte dennoch unter dem Dach eine reizvolle Wohnung entstehen, die durch Offenheit geprägt ist.
Schnitt und Grundriß im M. 1:200, 1 Arbeitszimmer, 2 Schlafzimmer, 3 Bad, 4 Wohnen, 5 WC, 6 Küche, 7 Terrasse, 8 Essen, 9 Arbeitszimmer.

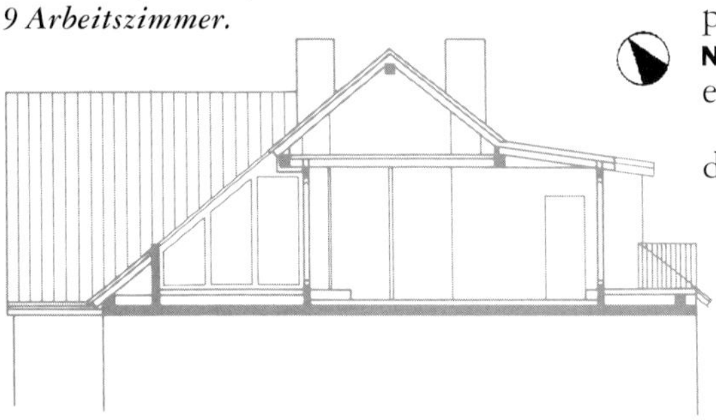

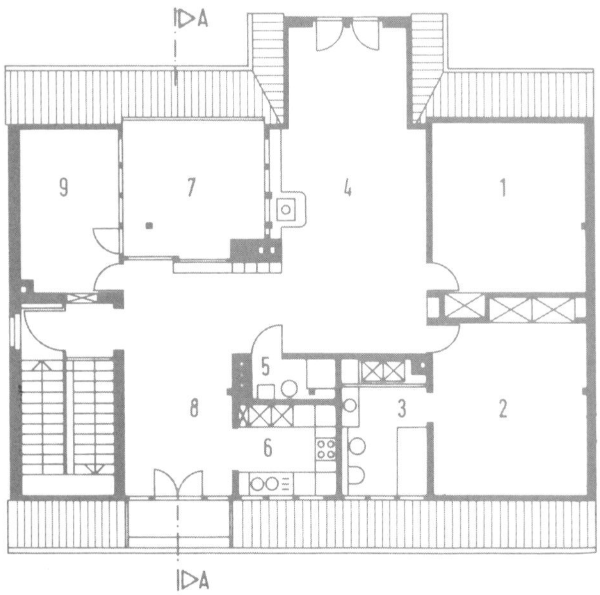

Die kleine, in das Dach eingeschnittene Terrasse bietet hier den Gartenersatz.
Ein in die Treppenhauswand eingeschnittenes Bullauge ist Gestaltungselement und zusätzliche Lichtquelle für den Eingangsbereich.

Links: Trotz der großen Tiefe des Wohnraums von über acht Metern wird er durch in das Dach eingeschnittene Oberlichter ausreichend belichtet.

Rechte Seite: Mit bestimmten Gestaltungsmitteln läßt sich für den Raumeindruck viel erreichen: Oberlichter über den Türen erzeugen Höhe, die Richtung von Fußbodenbelägen gibt dem Raum Weite oder Enge, lange Blickachsen schaffen Raumtiefe, richtig eingesetzter Materialwechsel definiert den Raum in seinen Dimensionen. Eingestellte gerade Wände sind wegen ihrer besseren Nutzbarkeit auch in einer Dachwohnung willkommen.

Implantate schaffen Wohnqualität

Architekt: Rüdiger Lainer, Wien

Ein großteils unter Denkmalschutz stehendes Vordergebäude von 1825 und ein viergeschossiges Hinterhaus, ein Fabrikgebäude, standen leer – immerhin über 1300 Quadratmeter.

Beide Gebäude wurden grundlegend saniert und durch Brücken miteinander verbunden, auch die Dachgeschosse wurden ausgebaut und zu interessanten zweigeschossigen Wohnungen verbunden. Die Umbaumaßnahme wurde mit sparsamen Mitteln im Rahmen des Wohnungsbausanierungs-Gesetzes durchgeführt – mit einem überraschenden Ergebnis. Zum Rahmenkonzept sagen die Architekten: »Die alten Mauern, die als solche ihre eigene Geschichte erzählen, stehen den neuen, glänzenden und perfekten Teilen gegenüber, die einer logischen und geometrischen Ordnung folgen. Es entsteht eine Architektur, die von klaren und harten Gegensätzen zwischen Alt und Neu bestimmt wird, die deutlich und polemisch ist, die aber auch der Ironie, dem Vergnügen und dem Spiel nahesteht. Grundsätzlich wurde versucht, in die vorhandene Bausubstanz nur geringfügig einzugreifen und abhängig vom Erhaltungszustand, die bestehenden Bauteile einzubeziehen. Die grundlegende Einschränkung des Gebäudekomplexes – Enge und mangelnde Belichtung –

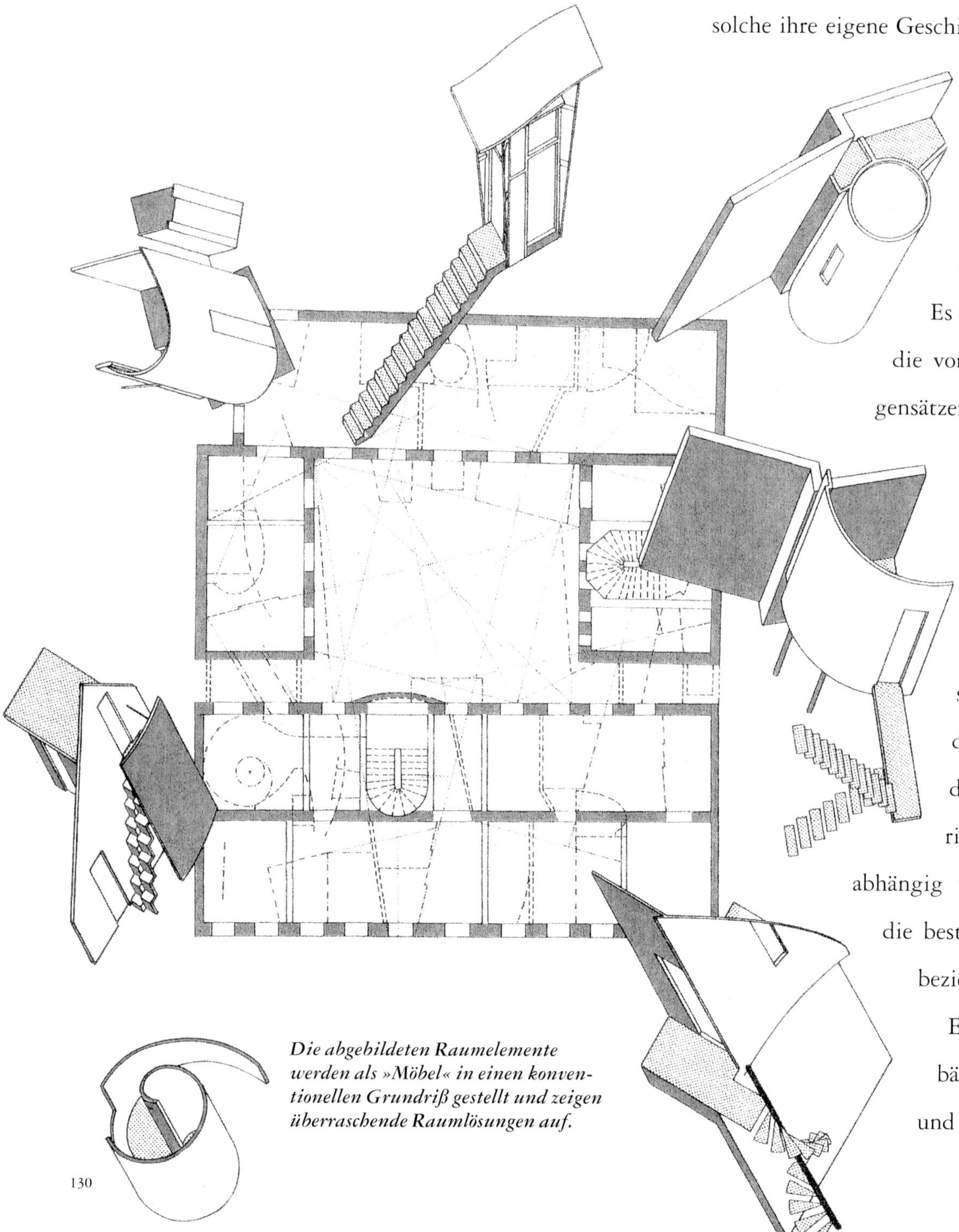

Die abgebildeten Raumelemente werden als »Möbel« in einen konventionellen Grundriß gestellt und zeigen überraschende Raumlösungen auf.

Ort: Wien

Haustyp: Gebäudekomplex von 1825/1905

Wohnfläche: Dachwohnungen mit je ca. 140 Quadratmetern

Bauzeit: 1989/1990

Bauweise: Totalsanierung der Gebäude innen und außen, neue technische Ausstattung und Anlage einer großen Gemeinschaftsdachterrasse.

Die unangetastete historische Fassade entspricht dem Konzept der Grundrißlösung durch Implantate.
Zwei »Treppen-Möbel« verbinden die fest installierten Deckenebenen. Die Materialwahl Holz, Stahl für die Einbauten markiert die Grenze zu den festen, unverrückbaren Bauteilen.

Die Einbauteile zeichnen sich durch ein Höchstmaß an Leichtigkeit aus und vergrößern dadurch den Raum. Die Geschosse unterscheiden sich voneinander durch Materialwechsel und variantenreiche Detailausbildung.

wurde aufgelöst, zum Beispiel wurden beschädigte Decken entfernt und ermöglichen so jetzt einen großzügigen Lichteinfall. Das Dach des Hinterhauses wurde im desolaten Teil abgebrochen und durch ein Gründach, einen wahrlich unerwarteten, prachtvollen Garten über den Dächern ersetzt. Die für den Ausbau verwendeten, teilweise industriellen Materialien zeigen sich in ihrer Einfachheit als »arme« Materialien, nobilitiert durch ihre Kombination, Überlagerung, Gegenüberstellung. Die hier gezeigten Wohnungen liegen im historischen Vorderhaus und erstrecken sich jeweils über zwei Geschosse: Das Haus im Haus mit jeweils etwa 140 Quadratmetern. Die kontrastreichen Grundrisse bedürfen ein wenig des Einlesens, erst dann erschließt sich ihre Raffinesse.

Selbst notwendige Wandscheiben, hier wird eine Treppe andeutungsweise verborgen, sind als Möbel ausgeführt und unterstreichen die Leichtigkeit und Offenheit des Gesamteindrucks.

Aufwertung eines Einfamilienhauses

Architekt:

Planungsgruppe für Architektur und Landschaftsarchitkektur Rund Um, München

Das stattliche Gebäude wird als Mehrgenerationenhaus genutzt. Die Wohnfläche unter dem Dach sollte vergrößert und in der Qualität und im Außenbezug deutlich verbessert werden.

Durch das Einschneiden eines flachen Tonnenmittelteils konnte bei minimalem Eingriff in die alte Dachkonstruktion ein optimaler Raumgewinn erzielt werden. Auf der Südseite entstand ein Glashaus mit Terrasse als Wintergarten und Gartenersatz. Die aus fünf Elementen bestehende Fensterwand läßt sich in ganzer Breite zusammenfalten, so daß im Sommer ein großer Innen-Außenbereich entsteht. Ein davor verlaufender Rost verhindert, daß Wasser oder Schnee in den ebenengleichen Raum eindringen kann. Eine leichte Zeltkonstruktion in der Form der Halbtonne sorgt für die nötige Verschattung. Die Nordseite der Tonne wurde massiv ausgebildet, mit kleinen Fenstern über Eck, die die Morgen- und die Abendsonne einfangen und gleichzeitig »Gucklöcher« sind, die anzeigen, was auf der Straße passiert. Eine einläufige schmale Treppe führt auf den durch Dachflächenfenster belichteten Spitzboden mit zusätzlichem Raumangebot.

Bei den Umbaumaßnahmen wurde besonders auf die Verwendung baubiologisch unbedenklicher Materialien wert gelegt. Das Dach wurde mit Tonziegeln über Mineralwolldämmung und außenliegendem Windpapier ohne Dampfsperre neu gedeckt. Die Gauben sind minimierte Konstruktionen mit Pfetten und Sparren in einer Ebene und Blecheindekkung. Als Fußböden wurden durable helle Lärchendielen verlegt, für Wände und Holzteile nur baubiologisch einwandfreie Farben eingesetzt.

Ort: **München**
Haustyp: **Großes Einfamilienhaus**
Wohnfläche: **65 Quadratmeter**
Bauzeit: **1989**
Bauweise: **Verbesserung des Raumangebotes durch zwei große Tonnengauben und eine vor die Fassade gestellte Dachterrasse.**

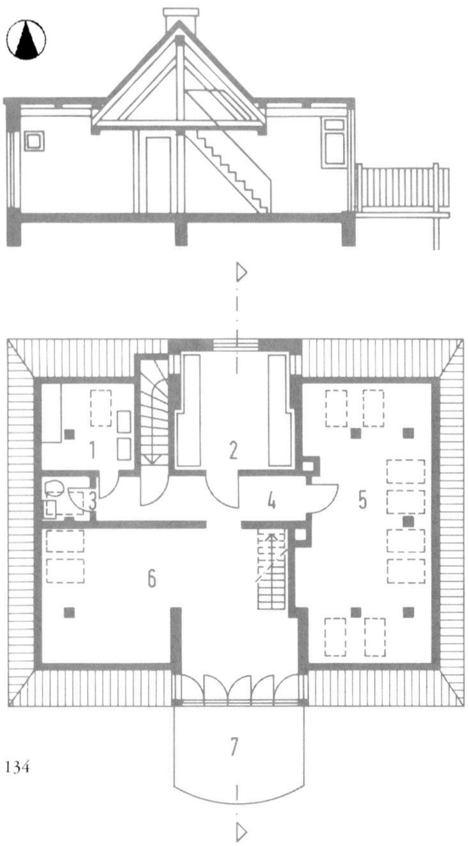

Eine neue Gaube und Dachterrasse vor dem Wohnraum führen zu einer Veränderung der ehemaligen Fassade und machen die neue Nutzung des Dachgeschosses erkennbar. Schnitt und Grundriß im M. 1: 200, 1 Bad, 2 Küche, 3 WC, 4 Flur, 5 Kinder, 6 Wohnen/Eltern/ Terrasse.

Durch die über die ganze Breite des Wohnraums auffaltbare Fensterwand werden Innen und Außenraum verbunden.
Der Wohnraum ist durch das unverkleidete alte Ständerwerk gegliedert. Im Gegensatz zum Wohnraum wurde im Bad aus bauphysikalischen Gründen (Feuchtigkeitsschutz) die alte Holzkonstruktion verkleidet.
Unten: Das leichte Stahlgerüst auf der Dachterrasse dient sowohl zur Aufnahme des Sonnensegels als auch als Rankgerüst. Die Krümmung des Gerüstes setzt die Gaubenform fort und bildet so einen eigenständigen Außenraum.

Kunstwerk mit Rheinblick

Architekt: Professor Wolf Gerischer, Düsseldorf

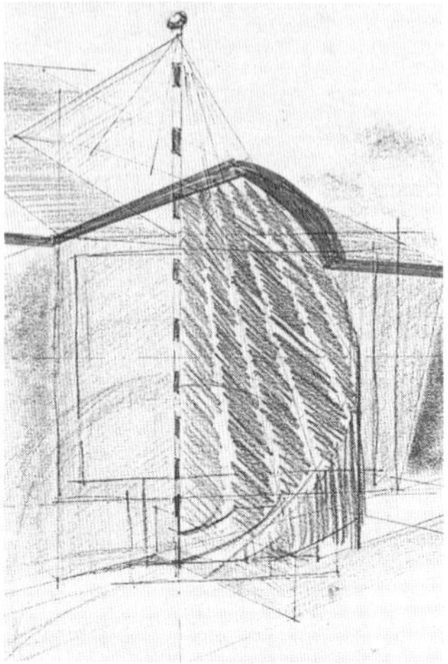

Das Mehrfamilienhaus von 1930 steht in einer geschlossenen Häuserzeile mit weiter Aussicht auf den Rhein.

Das Gebäude wurde in wichtigen Teilen saniert, Obergeschoß und Dachwohnung umgebaut und um einen Wintergarten erweitert. Dieser öffnet jetzt kühn das Haus zum Rheinpanorama und ist gleichzeitig Solarenergielieferant.

Der schwungvoll bis zur Dachspitze aufstrebende Glasanbau, ein Formenanklang an Welle und Schiff, war als Bauelement aufgrund der in dieser Gegend geltenden Veränderungssperre nicht genehmigungsfähig. Einen Ausweg bot die Sonderzulassung als Kunstwerk. Allerdings durfte die Horizontale der Häuserzeile nicht zerstört werden, der alte Mauerwerksbau sollte durch die neue, addierte Bauform hindurch erkennbar bleiben. Diese Forderung ließ sich durch eine filigrane Aluminiumkonstruktion erreichen.

Ort: **Düsseldorf**
Haustyp: **Mehrfamilienhaus von 1930**
Wohnfläche: **100 Quadratmeter**
Bauzeit: **1990**
Bauweise: **Der vorhandene Holzdachstuhl wurde wärmegedämmt und neu gedeckt. Ein Teil der kleinen Gauben wurde entfernt und durch einen Glasvorbau und ein großes Dachfenster ersetzt. Eine runde Stahlstütze überträgt die zusätzlichen Lasten auf den Baukörper.**

Entwurfsskizze für den spiralförmigen Vorbau.
Grundriß im M. 1: 200,
1 Flur,
2 Wohnen, 3 Schlafen,
4 Gäste-WC, 5 Bad,
6 Ruheraum, 7 Sauna.

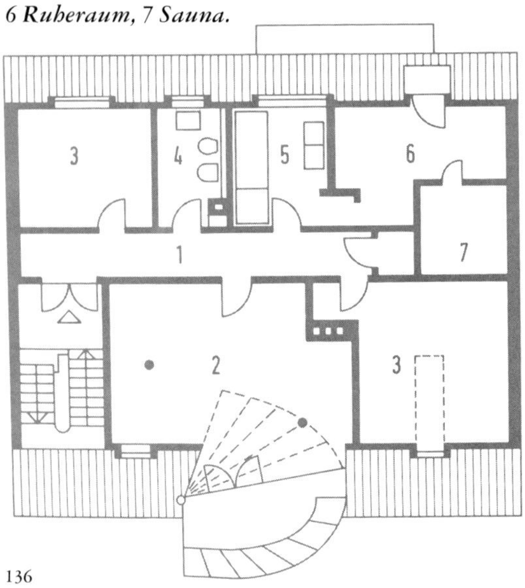

Anlaß für diesen gläsernen Vorbau war die Nutzung des Dachgeschosses. Gleichzeitig konnten als Folge das Obergeschoß und das Erdgeschoß jeweils um einen Wintergarten erweitert werden. Unten: Nur durch die Auswölbung des Glaskörpers wird ein weitwinkelartiger Blick auf die Rheinkrümmung möglich. Die Normalität der alten Fassade mit den kleinformatigen Sprossenfenstern wird durch den Glasvorbau aufgehoben. Die entstandenen Wintergärten geben den Grundrissen eine ganz neue Qualität.

Dachumbau zu einem Wohnturm

Architekt: Franz C. Demblin, Wien

Das Nachbarhaus ist berühmt: Die Postsparkasse von Otto Wagner. Ein solcher Nachbar verpflichtet.

Auf dem historischen Eckhaus des hier beschriebenen Umbaus wurde in das vorhandene Dachvolumen ein dreigeschossiger Wohnturm eingebaut. Der »Kopf« des langgestreckten Grundrisses ist der kreisförmige Erker an der Hausecke. Zu diesem führt eine Reihe unterschiedlicher Räume, beginnend mit dem dreieckigen Eingang und dem anschließenden quadratischen Vorraum. Es folgt die zweigeschossige patioähnliche Halle – der »Bauch« der fischförmigen Wohnung – von der eine einläufige Treppe in die beiden oberen Geschosse führt. Diese Halle hat ein Raumvolumen mit phantastischen Dimensionen, eine Gestaltungsgeste, die bei einem Neubau nur schwer vorstellbar ist. Zwei Stufen führen hinauf zu dem kleinen Erker mit Blick auf die Stadt.

Der eigentliche Wohnraum setzt sich aus einer dreigliedrigen, bewegten Raumfolge zusammen: Der mit einer Kuppel überwölbte runde Eckraum mit Oberlichtlaterne wird flankiert von zwei durch Säulen betonte Seitenteile. In der Raumachse liegt der Ausgang zur Terrasse im Innenhof.

Ort: **Wien**
Haustyp: **Großes Mehrfamilienhaus**
Wohnfläche: **350 Quadratmeter**
Bauzeit: **1987/1988**
Bauweise: **Neuaufbau der gesamten dreigeschossigen Anlage unter Verwendung der vorhandenen tragenden Konstruktion.**

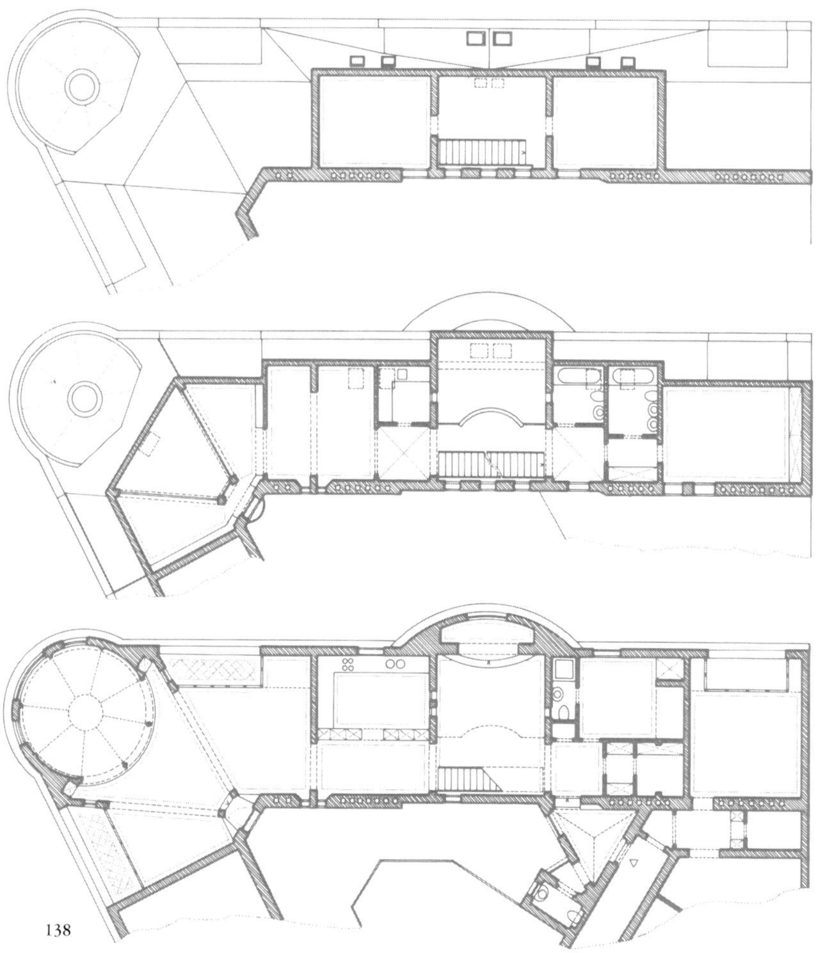

In Analogie zur rationalen Architektur der Postsparkasse charakterisiert eine kühle, in Weiß und Hellgrau gehaltene, präzisierte Raumfolge den Wohnturm auf allen drei Ebenen. Planung und Anlage dieser Wohnung sind gleichsam Abbild des Wiener Großstadtgefüges. Sie erinnern in der Betonung der Vertikalen an die Straßenschluchten und die gewaltigen Baukörper der Gründerzeit. Auch im Inneren wird diese fragmentierte Monumentalität aufgenommen, als wollte sie sich gegen die »Architekturriesen« der Nachbarschaft behaupten.

Grundrisse im M. 1:200. Besonderes Merkmal dieser Grundrisse ist die lineare Addition von Räumen mit der Rotunde als Höhepunkt. Es handelt sich um Originalzeichnungen des Architekten, deren Möblierung die Raumfunktionen verdeutlicht.

Der alte Erker wurde zur gekrümmten Sitznische, die durch die Freilegung und Abfangung des alten Mauerwerks besonders betont ist.

Höhepunkt des langgestreckten Grundrisses ist die erhöhte Rotunde, die hier nur andeutungsweise möbliert ist. Die Eingriffe in die alte Substanz – Fenster und Raumformen – sind auf ein Minimum beschränkt. Damit wird auch im Innenraum auf die turmartige Eckausbildung des Hauses verwiesen. Die Rücksichtnahme auf das alte Gebäude drückt sich auch in der Beschränkung auf wenige Materialien aus.

Notwendige räumliche Erweiterungen und Ergänzungen für die Nutzung setzen sich bewußt und mit einer eigenen Formensprache vom Bestand ab. Die verwendeten Materialien, das Farbkonzept und die Detailausbildung unterstreichen diese Absicht.

Architekturkonzept für einen Bodenraum

Architekt:

Hans H. Seibold, Hamburg

Die Planungsaufgabe beinhaltete den Umbau eines Dachgeschosses über zwei Ebenen. Das Haus, eine zweigeschossige hamburgische Villa in den Elbvororten, war in drei Eigentumswohnungen umgewandelt worden. Das Dachgeschoß und der darüberliegende Spitzbodenraum wurden so umgebaut, daß eine erste Dachgeschoßebene mit großem Wohnraum, offener Küche, Schlafzimmer, großem Bad und Gäste-WC entstand. In dem darüberliegenden Dachboden befinden sich ein Gästezimmer sowie zwei Hauswirtschaftsräume. Der übrige Bodenraum wurde nicht ausgebaut und bildet eine Reservefläche für eine spätere Erweiterung. Bei der Planung war aus baurechtlichen Gründen vorgegeben, daß das Gebäude an seiner Dachform sowie in den Fensterformaten nicht verändert werden durfte, so daß sich die Umbauarbeiten und die Grundrißgestaltung an die vorgegebene Grundrißform sowie die vorhandenen Fenster- und Türöffnungen der Außenhaut halten mußten. Vom ehemaligen Personaltreppenhaus her betritt man die Wohnung über eine Diele, die offen in den Wohnraum übergeht, die Küche wurde fließend an den Wohnraum angegliedert, lediglich mit einem Bartresen von ihm getrennt. Durch eine Schiebetür gelangt man ins Schlafzimmer, dem ein Schrankraum sowie das große Bad zugeordnet sind. Von der Diele aus – hier liegt auch verdeckt hinter einer gewölbten Wand das Gäste-WC – führt eine Treppe in den Spitzboden zum Gästezimmer und zu den Wirtschaftsräumen.

Für den Ausbau wurden fast ausnahmslos natürliche Materialien verwendet, da der Bauherr auf die Verwendung dieser Baustoffe allergrößten Wert legte. Bei der Einrichtung hat der Innenarchitekt Peter Preller mitgewirkt.

Ort: **Hamburg**
Haustyp: **Vorortvilla von 1930**
Wohnfläche: **150, im Spitzboden 80 Quadratmeter**
Bauzeit: **Juli 1990 bis Januar 1991**
Bauweise: **Holzpfettendachstuhl mit Stahlverstärkungen. Alle tragenden Bauteile und raumabgrenzenden Wände wurden flächig mit Gipskartonplatten verkleidet. Beim Innenausbau wurden nur natürliche Baustoffe verwendet.**

Der Schnitt macht deutlich, daß durch die Dachausbildung mit den ausgestellten, flach geneigten Dachteilen auf Schrägen weitgehend verzichtet werden konnte. Schnitt und Grundriß im M. 1:200, 1 Wohnen, 2 Küche, 3 Diele, 4 Schrankraum, 5 WC, 6 Schlafen, 7 Terrasse, 8 Bad.

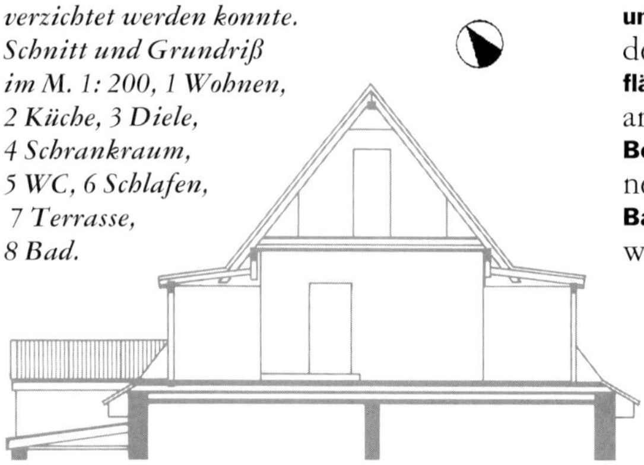

Blick vom Wohnraum in die offene Küche mit Eßplatz, die in dem offenen Grundriß durch den eingestellten Tresen und die schlanke Stütze optisch abgetrennt sind. Die Vermeidung von Schrägen läßt nicht vermuten, daß es sich bei diesem Grundriß und der Raumform um einen ehemaligen Dachboden handelt.

Das Foto zeigt, wie sich das offene Grundrißkonzept räumlich auswirkt und vielfältige Blickbeziehungen schafft.

Oben: Blick in die offene Küche mit dem raumteilenden Bartresen, dessen Form sich in der Naturstein-Rückwand der Küche wiederfindet.
Mitte und unten: Auch diese Dachgeschoßwohnung verfügt über Schrägen, die aber in Bad und Schlafzimmer durchaus in das Raumkonzept passen. Bestimmend für den Raumeindruck ist der Gegensatz der Materialien: glatter, polierter Marmor und stumpfe, weiße Wandflächen. Verbindendes Element in dem offenen Grundriß ist der einheitliche Parkettfußboden.

Ein Dachumbau setzt Akzente

Architekt:

Professor Wolf Gerischer, Düsseldorf

Innenarchitektin:

Angela Oedekoven-Gerischer, Düsseldorf

Die Dachgeschoßwohnung des 1929 als Dreifamilienhaus auf einem nur 190 Quadratmeter großen Grundstück errichteten Gebäudes sollte umgebaut und um den Ausbau des Spitzbodens als zweiter Dachebene erweitert werden.

Zu berücksichtigen waren die baurechtlichen Einschränkungen: der First des vorhandenen Daches durfte nicht angehoben und die tonnenförmige Gaube – das Motiv ist der um seine Achse gespiegelte Balkon – mußte in Proportion und Größe der Nachbarbebauung angepaßt werden. Dafür mußten diese Häuser sogar extra vermessen werden.

Die Eingangsebene wurde wegen der verhältnismäßig kleinen Grundfläche durch ein Minimum an festen, geschlossenen Wänden offen gestaltet. Hier liegt der Wohnbereich. Glaswände sorgen für ungehinderte Durchblicke über den ganzen Grundriß. Eine frei im Wohnraum stehende Stahltreppe führt in den ausgebauten Spitzboden, in die Schlafebene. Um in dem steilen Satteldach eine gut nutzbare Raumhöhe zu erreichen, wurde eine tonnenförmige Gaube in das Dach eingeschnitten. Durch diese Dachtonne konnten störende Dachflächenfenster an der Straßenseite vermieden werden. Lediglich auf der Gartenseite wird das Licht über liegende Fenster in die Räume geführt.

Viel konstruktive Mühe wurde im Inneren der Wohnung aufgewendet, um den Schallschutz der leichten Bauweise zu verbessern. Die Decken erhielten eine zusätzliche Aschenschüttung zwischen den freigelegten Holzbalken, die Raumtrennwände wurden mehrschalig ausgeführt.

Die Farbgebung wurde innen und außen nach Ittens Farblehre aufeinander abgestimmt. Das Gesamterscheinungsbild beschränkt sich auf Reinweiß, kontrastiert von drei Grauwerten. Dabei wurden alle Holzteile weiß, die Metallbauteile, Gitter und Mobiliar grau lackiert. Als Kontrast zu dieser Grau-Weißkonzeption steht das äußere rot-blau-bunte Ziegelmauerwerk.

Ort: **Düsseldorf-Oberkassel**

Haustyp: **Kleines Dreifamilienhaus von 1929**

Wohnfläche: **140 Quadratmeter**

Bauzeit: **1990**

Bauweise: **Neue Tonnengaube als Holzkonstruktion mit Zinkblechdeckung, Schallschutzmaßnahmen für Decken und Wände. Materialien innen: Wände und Decken aus Trockenputzlatten, Fenster und Türen aus Stahl, Stahltreppe, Einbaumöbel aus MDF-Platten lackiert.**

Das vorhandene Fassadenelement des weiß verputzten Erkers findet seine Entsprechung in der Gaubenform mit ihrer oberen Rundung. Schnitt und Grundriß der Dachgeschoßebene im M. 1: 200, 1 Terrasse, 2 Arbeitsraum, 3 Wintergarten, 4 Küche, 5 Bad, 6 Wohnen, 7 Abstellraum, 8 Balkon.

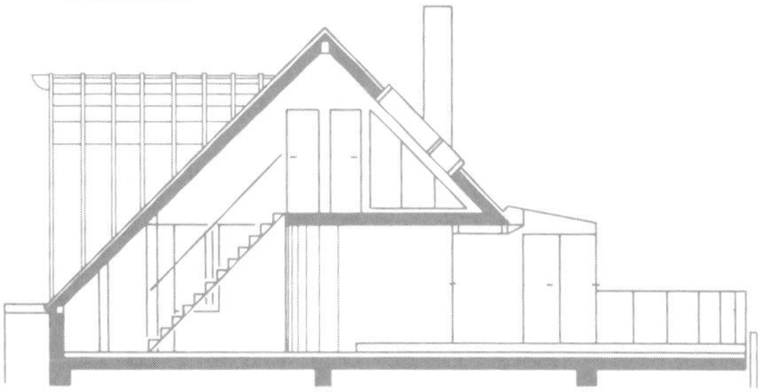

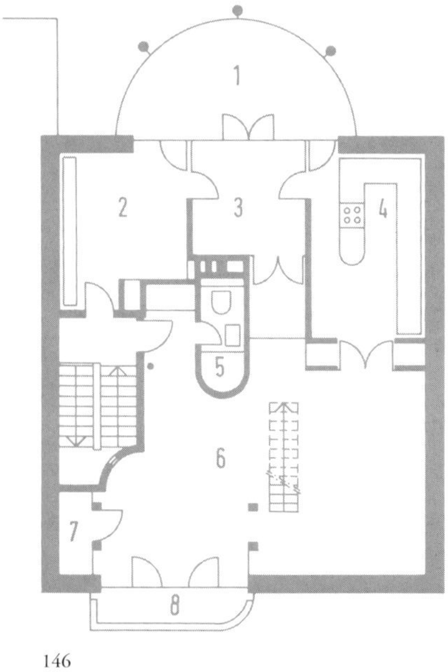

Die aus der alten Fassade entwickelte Gaubenform mit dem tonnenförmigen Dach führt zu einer interessanten Raumsituation.

Blickpunkt im sparsam möblierten Grundriß ist die aus Industrieblech gefaltete, leichte Treppe, die zusätzlich auf der Unterseite durch ein Zugband und durch Aufhängung stabilisiert wird. Nicht nur bei der Treppe führt die Verwendung industrieller Materialien zu einer ganz eigenen Formensprache.

Wohnen als Gesamtkunstwerk

Architekt: Gert M. Mayr-Keber, Wien

Die Bauaufgabe heißt nüchtern: Umbau einer Dachwohnung. Welche baulichen, gestalterischen und konstruktiven Überlegungen bei einer so simpel anmutenden Aufgabe einen verantwortungsvollen Architekten während der gesamten Entwurfs- und Umsetzungsphase begleiten, mag die Beschreibung zeigen, die Gert Mayr-Keber über seinen Entwurf formuliert hat.

»Der Dachraum als oberste Raumeinheit eines Gebäudes bietet aus seiner natürlichen Lage, wie auch seiner differenzierten Begrenzungsform nach oben und außen besonderen Anreiz zu einer räumlich plastischen Durchformulierung eines funktionell festgelegten und statisch großteils vorgegebenen inneren Ausstattungsgefüges. Eine diesem Anreiz entsprechende kompositionelle Durchgestaltung war grundsätzlicher Entwurfsansatz, wobei zur gestalterischen Durchsetzung folgende Kriterien die wesentlichen Ansätze umschreiben:

– Verschiedenartiger Einsatz der funktionell erforderlichen Einbauelemente und Einrichtungsteile als raumbildende, raumteilende, raumbestückende, raumbestimmende, raumzierende ... Komponenten.

– Homogenisierung der Oberflächenstrukturen durch Reduzierung der Materialvielfalt.

– Nivellieren von Bezugsebenen durch Nutzung verschiedener Raumhöhen- oder Schrägausbildungen in Abhängigkeit vom Bestand.

– Offene und transparente Raumkonzeptionen mit markierenden, raumdefinierenden Durchdringungsbereichen.

– Verschiedenartige Behandlung des Themas Berührung von Wand, Boden und Decke.

– Einsatz des natürlichen und künstlichen Lichtes als gestaltungsunterstützendes und gestaltungswirksames Element.

– Nach diesen Überlegungen wurden alle Räume – die funktionell abzutrennenden Einheiten ausgenommen – in offener Anordnung zueinander konzipiert. Die räumliche Abschirmung wurde entsprechend dem jeweils angestrebten Geborgenheitsgrad entweder nahe-offen-einsehbar, oder aber auch entfernt-zurückgezogen-uneinsehbar, sozusagen mit labyrinthischer Wegführung, ausschließlich

Ort:	**Wien**
Haustyp:	**Mehrfamilienhaus von 1880**
Wohnfläche:	**135, Dachterrasse 35 Quadratmeter**
Bauzeit:	**1986/1987**
Bauweise:	**Ausbau mit Dämmung der sonst intakten Dachkonstruktion, Aufbau einer Dachterrasse.**

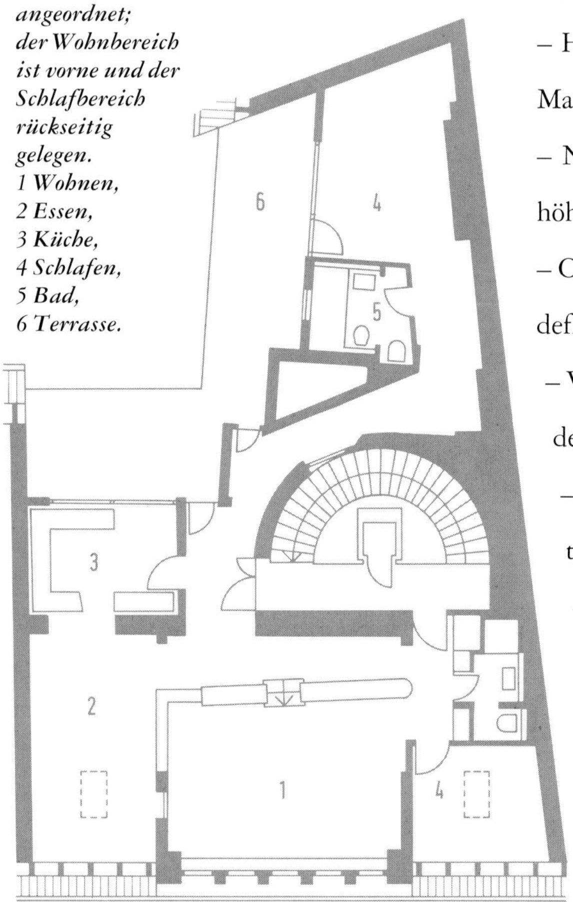

Grundriß im M. 1:200. Das Dachgeschoß ist um ein altes, einläufiges Wiener Treppenhaus herum angeordnet; der Wohnbereich ist vorne und der Schlafbereich rückseitig gelegen. 1 Wohnen, 2 Essen, 3 Küche, 4 Schlafen, 5 Bad, 6 Terrasse.

Interessante Überschneidungen von alter Dachkonstruktion und neuen, raumteilenden Einbauelementen bieten vielfältige Blickfänge.

durch die Grundrißfiguration erreicht.

Boden, Wandverblendungen, Einbaumöbel und sonstige Einrichtungsteile sind in Birnenholz gefertigt, wodurch ein klares räumliches und materialreines Zusammenwirken der einzelnen Formen und Teile erst möglich wurde.«

Dem Text des Architekten ist hinzuzufügen, daß dies sicher eine sehr spezifische, eben nicht austauschbare Entwurfskonzeption ist. Sie nimmt vielmehr die Tradition des bis ins Detail durchgestalteten Gesamtkunstwerkes wieder auf, auch mit dem Anspruch der ästhetischen Fixierung. Man kann es auch nur gestaltete Individualität nennen – eben der Leitgedanke der Alten Welt.

Die sorgfältig geplanten und ausgeführten Einbauten bilden zusammen mit den Vorgaben des alten Hauses eine ausgeprägte gestalterische Einheit, die von der Reduktion auf wenige Materialien lebt.

Wohnatelier statt Speicher

Architekt: Dimitris Manikas, Wien

Diese großzügige, über zwei Ebenen reichende Wohnung wurde in den Dachboden eines Gründerzeithauses eingebaut. Dabei mußten die alte Dachstuhlkonstruktion und die Dachform aus Denkmalschutzgründen erhalten bleiben.

Die Wohnung hat vom Treppenhaus aus zwei Eingänge. Der eine führt in den eigentlichen Wohnbereich, der andere in das im rückwärtigen Anbau liegende Atelier. Beide Bereiche sind im Inneren miteinander verbunden, lästige Überschneidungen konnten durch diese Grundrißorganisation vermieden werden. Zentrum ist der große Wohnraum mit offenem Kamin. Er wird kreuzförmig erweitert durch den zur Straße liegenden Eckplatz, durch die Dachterrasse, die Bibliothek mit Aufgang zur Galerie und das Atelier. Diese offenen, ineinander übergehenden Räume werden in ihrer Wirkung unterschiedlich betont: Der große Wohnraum wird »erhaben« von zwei Stufen umschlossen und so als wichtiges Zentrum markiert. Zwei Schritte, die das Wohnen, die Zeit der Entspannung, inszenieren. Die beiden Räume direkt unter dem Dach, der Rückzugsbereich, sind sowohl von der Bibliothek als auch vom Gästezimmer aus zu erreichen.

Unter dem alten Dachboden ist jetzt eine wertvolle Wohnung mit differenzierten räumlichen Zusammenhängen entstanden, die vielfältige Raumerlebnisse durch wechselnde Raumhöhen, unterschiedliche Raumgrößen und eine gezielte Lichtführung bietet – hingewiesen sei nur auf das magische Rundfenster über dem Eßtisch.

Ort: **Wien**
Haustyp: **Mehrfamilienhaus aus der Gründerzeit mit klassizistischer Fassade**
Wohnfläche: **250 Quadratmeter**
Bauzeit: **1987**
Bauweise: **Ausbau des flach geneigten Holzdaches mit Kniestock, hochwertige Innendämmung, neue Wandeinbauten als Verkleidung der alten Holzkonstruktion.**

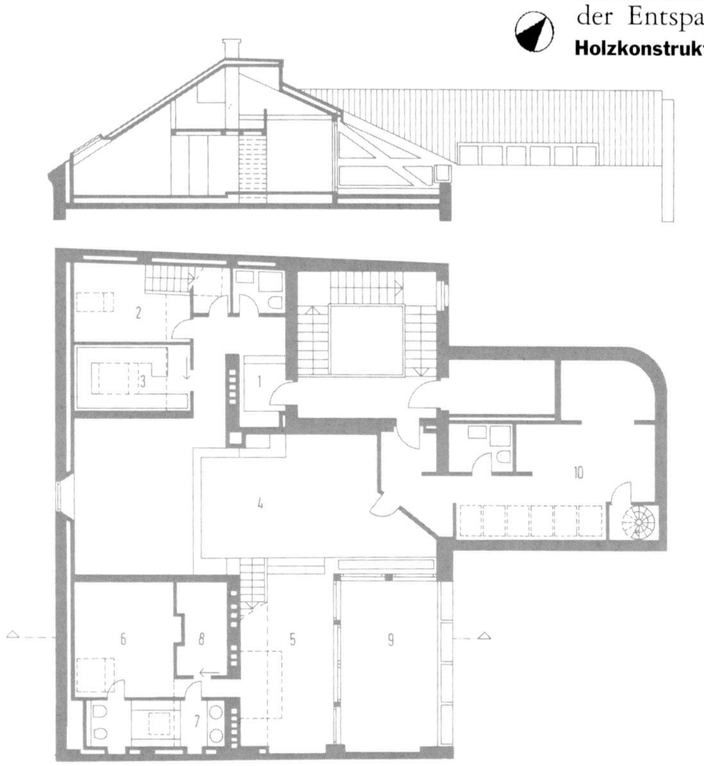

Isometrische Darstellung des neuen Dachgrundrisses auf dem alten Haus.
Schnitt und Grundriß im M. 1:300, 1 Diele, 3 Küche, 4 Wohnen, 7 Bad, 9 Dachterrasse.

Oben: Der Eßplatz im Ziergiebel ist wegen des Giebeldreiecks wenig belichtet.
Mitte: Die in das Dach eingeschnittene Terrasse belichtet den gesamten inneren Wohnbereich.
Unten: Die kräftige Ausbildung der Verkleidungen der Konstruktionselemente hat eine kubische Behandlung der Wandbauteile zur Folge.

Dachboden-umbau auf drei Ebenen

Architekt: Jürg Althaus, Bern

Bauen, Ausbauen oder Umbauen in der Altstadt von Bern, dieser städtebaulichen Meisterleistung des Mittelalters, unterliegt strengen Schutzbestimmungen. Diese gelten natürlich auch für das renovierungsbedürftige Haus in der Gerechtigkeitsgasse. Umgebaut werden durfte nur unter rigoroser Einhaltung aller Vorschriften und unter Berücksichtigung der vorhandenen Bausubstanz. Als erhaltenswert galt das weit ausladende, fein profilierte Dachgesims, das keine Veränderung der konstruktiven Dachstruktur erlaubte. Lediglich drei schmale Dachgauben durften in der Dachfläche auf der Straßenseite, hinter das Gesims zurückspringend, integriert werden. Im Inneren bestand die Forderung, die großartige Zimmermannskonstruktion des Dachstuhls aus dem 19. Jahrhundert nicht zu verändern. Diese Forderung zeigt, wie streng die Denkmalschutzvorschriften hier sind, wo sogar Innenräume, die der Allgemeinheit nicht zugänglich sind, einer Veränderungssperre unterliegen. Dennoch: Mit geringem finanziellen Aufwand und mit einfachsten Mitteln durfte dieser alte Dachstuhl schließlich auf drei Ebenen umgebaut und bewohnbar gemacht werden, allerdings mit einem erheblichen Zeitaufwand für die Eigenleistungen des Bauherrn. Bei der Planung war die Vorgabe, möglichst große Teile der gewaltigen Holzkonstruktion sichtbar zu lassen. Aus diesem Grund werden die beiden neu eingezogenen Galerien von der Konstruktion freigehalten, teils perforiert, so daß sich von allen Wohnebenen aus immer wieder Durchblicke auf die alte Balkenkonstruktion bis hinauf zum First ergeben. Auf der Gebäuderückseite konnte sogar eine Dachterrasse eingebaut werden, die von der ersten Galerieebene aus zugänglich ist.

Ort: **Bern**
Haustyp: **Großes Mehrfamilienhaus von 1850**
Wohnfläche: **190 Quadratmeter**
Bauzeit: **1973**
Bauweise: **Einbau zweier Galerien und einer kleinen Dachterrasse in einen historischen Dachstuhl, Belichtung über vier neue Gauben.**

Hinter dem alten, weit vorgezogenen Gesims verbirgt sich die zurückhaltende neue Dachlandschaft. Schnitt und Grundriß im M. 1:200. Der Grundriß zeigt die Hauptebene, die durch zwei zusätzliche Galerien erweitert wird, 1 Wohnen, 2 Küche, 3 Essen, 4 Bad, 5 Schlafen, 6 Zimmer, 7 Eingang.

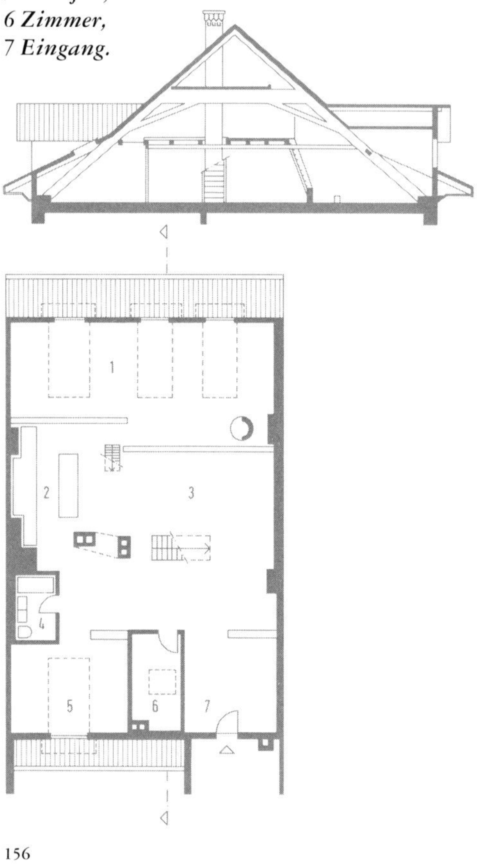

Alle notwendigen neuen Ausbauteile ordnen sich mit ihrer geringen Dimensionierung respektvoll dem eindrucksvollen Dachtragwerk unter. Die Tonplatten des Fußbodens dienten früher dem Feuerschutz und sind heute eine willkommene, originelle Beigabe.

Einraumstudio im Stadtzentrum

Architekten: Fuge und Lippmann, Hannover

Ort: Hannover
Haustyp: Mietshaus von 1912
Wohnfläche: 65 Quadratmeter
Bauzeit: 1987/1988
Bauweise: Umbau provisorischer Kleinstwohnungen zu zwei Wohnstudios. Umbaumaßnahmen und umfangreiche Decken- und Dachsanierung unter vorhandener Dachhaut als Wetterschutz.

Die Kleinstwohnungen, die in diesem inzwischen denkmalgeschützten Haus nach dem Kriege provisorisch eingerichtet worden waren, sollten grundlegend umgebaut und zu drei vermietbaren Einheiten, 65 und 115 Quadratmeter groß, zusammengelegt werden.

Kriegs- und Schwammschäden in der Dach- und Deckenkonstruktion machten es erforderlich, daß die Decken freigelegt und saniert wurden, ebenso der Dachstuhl. Während der Baumaßnahmen durften allerdings keine Beeinträchtigungen in der darunterliegenden Arztpraxis entstehen. Die Architekten ließen daher alle Arbeiten unter der noch intakten alten Dachhaut wie unter einem Montagezelt ausführen. Erst im letzten Moment wurde die alte Deckung durch eine neue ersetzt.

Bei dem geringen Flächenangebot der kleineren Wohnung blieb nur die Lösung, ein offenes Einraumstudio mit Galerie einzurichten. Unten liegen Wohnraum, Küche und Diele und das Gäste-WC, die durch Schiebetüren abtrennbar sind, geöffnet aber den Raumeindruck vergrößern. Oben wurde die Arbeits- und Schlafgalerie mit dem Bad angeordnet. Weiße Wände und das durchgängig verlegte Buchenparkett schaffen einen hellen, freundlichen Raumeindruck, unterstützt durch die drei neuen nach Norden liegenden Dachflächenfenster, die den Ateliercharakter betonen und für eine gleichmäßige Belichtung sorgen, ohne daß im Sommer eine Überhitzung erfolgt. Die starke Wärmedämmung und eine gute Querbelüftung zwischen Nord- und Südseite der Wohnung schaffen ein angenehmes Raumklima. Was jahrzehntelang Behelfsunterkünfte waren, sind heute attraktive Wohnungen in der Innenstadt, die durch sorgfältige Planung und überlegten Mitteleinsatz zu Kosten erstellt werden konnten, die nur ein Drittel vergleichbarer Neubaukosten ausmachen.

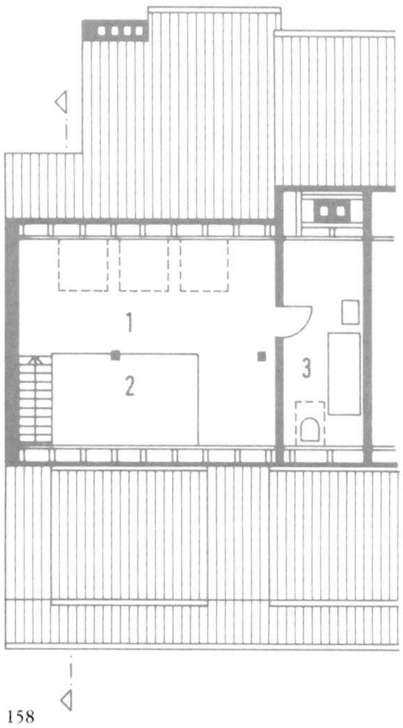

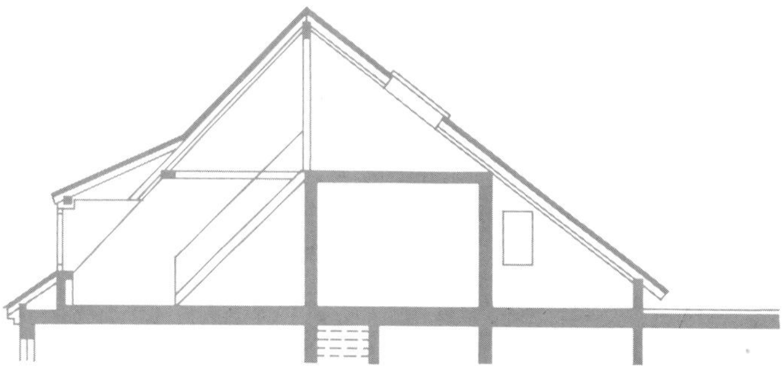

Schnitt und Grundriß im M. 1:200. Der Grundriß zeigt die obere kleinere Galerieebene. 1 Galerie, 2 Luftraum, 3 Bad.

Die verhältnismäßig kleine Dachwohnung wird mittels Durchbrechungen der alten Dachkonstruktion und einer interessanten Lichtgebung optisch vergrößert.
Rechts: Blick von der Galerieebene in den Wohnraum. Alle Einbauteile bei Treppe und Geländer wurden mit Rücksicht auf die geringe Fläche sparsam dimensioniert.

Aufstockung

Wohnen unter dem Dach

Zehn Projekte

Entwurf für eine Wohnaufstockung auf einem Gewerbebau der 70er Jahre: Neuer Wohnraum auf einer bisher nicht genützten Flachdachfläche. Architekt: Hans H. Seibold, Hamburg

Dachergänzung eines Mehrfamilienhauses

Architektin: Ute Piroeth, Köln

Die Bauaufgabe war, ein nach dem Kriege bis zum dritten Geschoß wiederaufgebautes Haus, das provisorisch mit einem Flachdach gedeckt war, jetzt nach dreißig Jahren um das fehlende Dachgeschoß zu ergänzen. Das neue Dach nimmt die Satteldachform der Nachbarhäuser auf, durchbricht aber diese Form durch einen Kubus, der das Dach durchschneidet. Dieser »Container«, wie ihn die Architektin nennt, bezieht sich in der Gebäudeachse auf den vorhandenen Erker. Der hintere Teil dieses Containers, nach Süden, ist zweigeschossig angelegt. Eine Stahltreppe führt in den Schlaf-, Anklei-de- und Badbereich. Der untere Grundriß erhält seinen Reiz durch die geschoßhohe Eingangssituation mit der angrenzenden strengen Küche, den offenen lichten Wohnbereich und die vorgelagerte große Südterrasse. Die gesamte Innenausstattung wurde bewußt sehr schlicht konzipiert. Parkettboden und weiße Wände für die Flächen, dezente Farben nur bei den Einbauten. Der »Luxus« ist die Raumkonzeption. Über Kontraste in der Lichtführung – schmale Oberlichter für die geschlossenen Bereiche, die weite gläserne Südfassade für den offenen Wohnraum – werden die Räume nach dem Grad ihrer Abgeschlossenheit definiert. Transparente Wandschlitze und Oberlichter über den Türen schaffen gleichzeitig eine optische Verknüpfung der Räume untereinander. Das Äußere des neuen Daches dominiert der »Container«. Als Form, durch die Lage, aber auch in seiner Fassadengestaltung. Die ausgefachte Holzkonstruktion bleibt hinter der vorgehängten Glasfassade sichtbar. Im Normalfall durch Zink oder Kupfer verdeckt, wird hier das eigentlich Verborgene gezeigt. Die Aufforderung zum Hinsehen wird noch durch die leuchtend blauen »Diarahmen« der Fenstereinfassungen unterstrichen.

Ort:	**Köln**
Haustyp:	**Mehrfamilienhaus von 1911**
Wohnfläche:	**140 Quadratmeter**
Bauzeit:	**Januar bis Juli 1991**
Bauweise:	**Aufstockung als Holzständerwerk mit Betonsteindeckung. »Container« aus Holzfachwerk und Beplankung und vorgehängter Glasfassade als Wetterschutz.**

Erste Skizze der Dachergänzung mit dem eingeschobenen »Container«
Grundriß und Schnitt der Dachgeschoßebene im M. 1: 200,
1, 2 Wohnen, 3 Küche, 4 Garderobe, 5 Kammer, 6 Kind, 7 Flur, 8 Bad, 9 Kind, 10 Terrasse.

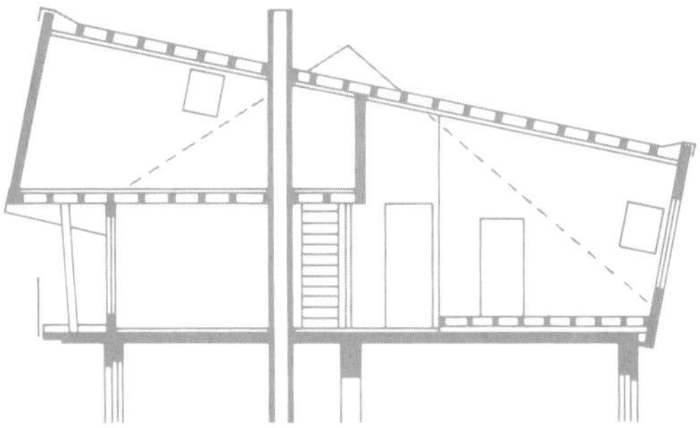

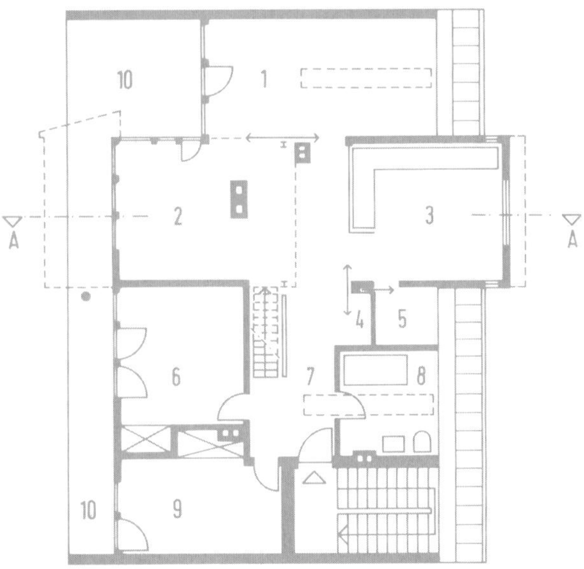

Blick aus dem über zwei Geschosse reichenden Wohnraum auf die eingeschnittene Dachterrasse. Links neben der neuen Stahlstütze liegt der zweite, abtrennbare Wohnraumteil mit der wintergartenartigen Verglasung.

Die offene Küche, von der Galerie aus gesehen: Transparenz durch hohe Glaswände, die Geruchs- und Geräuschbelästigungen zum Wohnraum hin vermeiden. Die aus Industriestahlblech gefaltete Treppe ist zusätzlich durch aufgeschweißte Stahlhohlprofile verstärkt; sie führt auf die Galerieebene. Die leichte und gering dimensionierte Treppe entspricht der Offenheit des gesamten Grundrisses.

Selbst Räume, die normalerweise geschlossen sind, öffnen sich hier durch die raumhohe Glaswand zum Wohnraum und Blick über die Stadt.
Durch diese Offenheit wird die Küche zu einem in den Grundriß gestellten Möbel. Das sich einheitlich durch alle Räume ziehende Fußbodenmaterial Parkett unterstreicht das offene Grundrißkonzept und hält gleichzeitig optisch die Räume zusammen.
Auf der Galerieebene folgen die Öffnungen – Fenster und Türen – der Neigung des eingeschobenen Containers.

Konzept, Konstruktion, Transparenz

Architekt: Gert M. Mayr-Keber, Wien

Aufgang zu der neuen Dachgeschoßebene, von der aus man die eingezogene Galerie als schwebende Fläche wahrnimmt.
Schnitt und Grundriß im M. 1: 200 (Originalzeichnung des Architekten).

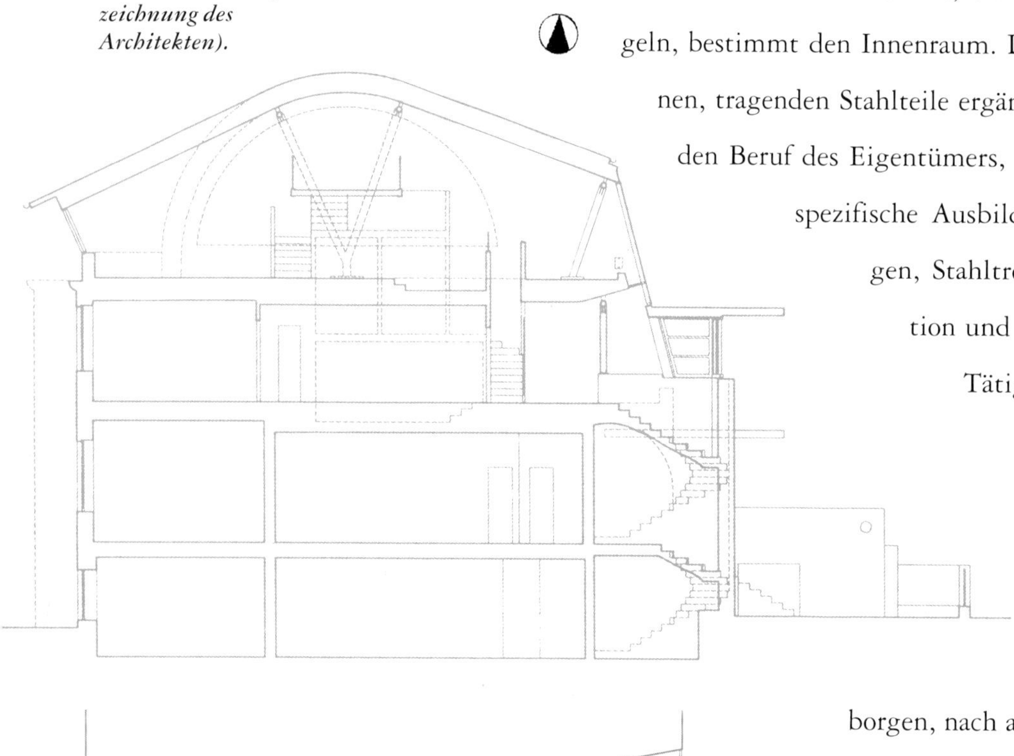

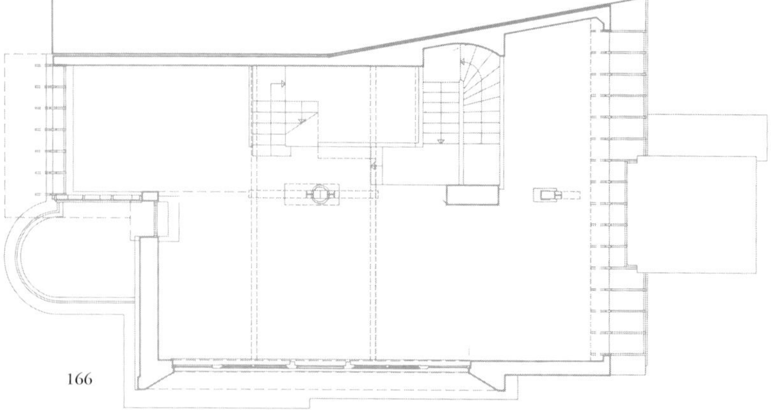

Diese in unmittelbarer Nähe des Hauses Moller von Adolf Loos gelegene Villa wurde 1914 errichtet. Eine neue Aufteilung des Hauses war funktionale Erfordernis. Das Erdgeschoß mußte als selbständige Wohneinheit verbleiben, der erste Stock sollte in das Dach erweitert werden. Und da das alte Dach für einen Ausbau ungeeignet war, war die Schaffung einer neuen Dachform mit optimalem Volumen das erste Planungsziel. Es wurde eine bewußt gegensätzliche Formensprache gewählt, wobei durch die Aufnahme geometrischer Bezüge zum Vorhandenen gleichzeitig eine eindeutige Zusammengehörigkeit dokumentiert ist. Die entstandene Dachschale, ein Tonnendach mit ausgebreiteten Flügeln, bestimmt den Innenraum. Die unmißverständlich hervorgehobenen, tragenden Stahlteile ergänzen dieses Gefüge und verweisen auf den Beruf des Eigentümers, einen Ingenieur. Die Details und die spezifische Ausbildung der Geländer, Mauerabdeckungen, Stahltreppe, Plattform, tragende Konstruktion und Vordächer sind Reflexionen auf diese Tätigkeit und waren mitbestimmend bei der Ausarbeitung dieses Projektes.

Der Treppenaufgang, der die erste Ebene des »aufgesetzten« Gehäuses mit dem Boden verbindet, wirkt im Inneren räumlich geborgen, nach außen ist er bauliches Element, dessen Freitreppe und Vordach für das Thema des »Eintreten sollens« ein klares Signal setzen. Im Inneren ist der Treppenaufgang zum Obergeschoß erster Teil der vertikalen Erschließung, die in der Folge, über zwei weitere Ebenen fortgesetzt, den »Hauptweg« durch den offen konzipierten Innenraum bildet.

Tragende V-Stützen, Galeriepodest, Aufgang und Brüstung führen zu interessanten Überschneidungen, die durch den Wechsel von offenen und geschlossenen Flächen noch unterstrichen werden.

Ort:	**Wien**
Haustyp:	**Villa von 1914**
Wohnfläche:	**220 Quadratmeter**
Bauzeit:	**1990/1991**
Bauweise:	**Zweigeschossige Aufstockung mit Galerie und separatem Treppenturm.**

Die Reduktion auf ein tragendes Element, die V-Stütze, von der die Galerieebene auskragt, schafft einen frei nutzbaren Innenraum unter der beeindruckenden Dachtonne. Die Farbgebung betont die Aufgaben der einzelnen Elemente der Raumkonstruktion.

Unten: Der Wechsel von geschlossenen und verglasten Flächen führt zu vielfältigen Ausblicken und Überschneidungen, wobei die Lage und die Dimension der geschlossenen Flächen vor Einblick schützen.

Dachaufbau in prominenter Lage

Architekt: Heinz Tesar, Wien

Die Situation: Ein barockes Stadthaus in bester Lage in Linz mit einem nicht genutzten Dachboden, der sich – von der Straße nicht sichtbar – hinter dem Ziergiebel verbirgt.

Das alte spitzwinklige Blechdach wurde abgetragen und durch einen ganz neuen Baukörper ersetzt. Grundgedanke der Planung war, einen Grundriß zu entwickeln, der den Wohnvorstellungen und dem langgestreckten Haustyp gleichermaßen entspricht. Es wurde daher ein längsorientiertes, bogenförmiges Dach entwickelt, welches durch kreuzförmig angeordnete Oberlichter und einen runden Lichthof gegliedert wird.

Das in der Längsachse verlaufende Oberlicht bildet das durchsichtige Rückgrat der symmetrisch angelegten Raumfolge.

Der im ersten Drittel des Grundrisses liegende, begehbare Innenhof ist die wichtige Mitte im Bereich Wohnraum, Halle, Küche und Studio und sorgt ebenso wie die zweite Glasraupe für die Belichtung dieser Innenzone. Das bogenförmige Dach springt an beiden Gebäudefronten zurück und schafft dadurch Raum für zwei Dachterrassen. Die hintere wird durch die Sauna in zwei Freiräume geteilt, die den Schlafzimmern windgeschützt vorgelagert sind. Die vordere Terrasse ist allein dem großen Wohnraum zugeordnet. Den Aufgang zur Wohnung bildet die bestehende »Boden«-treppe. Der eigentliche Eingang für die jetzt zweigeschossige Wohnung liegt im letzten Normalgeschoß.

Ort: **Linz**
Haustyp: **Barockes fünfgeschossiges Stadthaus**
Wohnfläche: **180 Quadratmeter**
Bauzeit: **1989**
Bauweise: **Bogenförmiges Stahlbetondach mit längs verlaufendem Oberlicht. Lastabtragung der Schalen durch Stützen und Überzüge auf die Außenwände. Innenwände und Decken verputzt, Dachdeckung in Blech.**

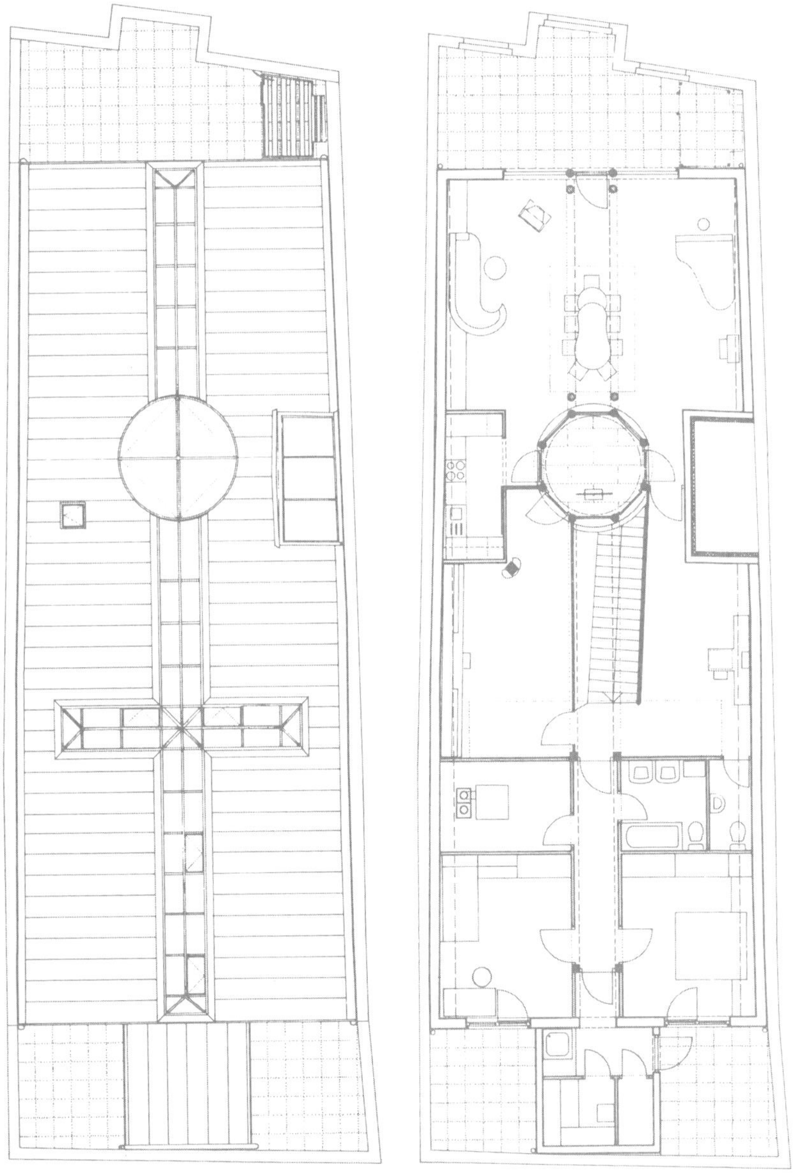

Grundriß der Dachgeschoßebene im M. 1:200 (Originalzeichnung des Architekten). Die Dachaufsicht verdeutlicht das Belichtungssystem, das aus dem kreuzförmigen Oberlicht mit dem eingeschnittenen, runden Lichthof besteht.

Der runde Lichthof in der Mitte des Wohnbereichs erfüllt zwei Aufgaben: die Belichtung des tiefen Raumes und seine Unterteilung in zwei Wohnbereiche unteschiedlicher Qualität.

Das ganze neue Dachgeschoß verbirgt sich aus denkmalpflegerischen Gründen zurückgesetzt hinter einem vorhandenen Ziergiebel. Der Zwischenraum dient als Dachterrasse und kleine Aussichtsgalerie.

Der Schlußpunkt des sich über den ganzen Grundriß ziehenden Lichtbandes ist die von zwei Stützen betonte Glaswand, deren Ausgang auf die Dachterrasse führt. Der Strenge des Grundrißkonzepts entspricht die langgestreckte, tonnenförmige Dachkonstruktion, deren Halbschalen jeweils auf Außenwänden und freistehenden Stützenpaaren aufliegen.

Baulücke in der Höhe

Architekten:
SRA-ARS Studio de Realisation Architecturale, Genf

Diese Dachwohnung mit Galerie ist die oberste Ebene einer dreigeschossigen Aufstockung auf ein Gebäude aus dem Jahr 1887. Der Umbau und die Sanierung des Hauses ergaben sich aus der Notwendigkeit, das Wohnungsangebot des bestehenden Hauses zu verbessern und einer Entwicklung Rechnung zu tragen, die am Nachbarhaus bereits begonnen hat: Zusätzlichen Wohnraum in der wertvollen Innenstadtlage zu schaffen. Darüber hinaus schließt diese Aufstockung eine im Stadtbild störende »Baulücke in der Höhe«.

Die Architekten entschieden sich in ihrer Architektursprache bewußt gegen eine Anpassung und für zeitgenössische Formen und Konstruktionen. Wir haben dieses Beispiel in die Projektdokumentation aufgenommen, da wir es für eine gelungene Verbindung gegensätzlicher Formen halten, die selbstbewußt und doch respektvoll das Nebeneinander zweier Zeitabschnitte zeigt. Das renovierte Gebäude dient als Sockel für zwei neue Wohngeschosse, die ihren besonderen Ausdruck durch eine durchgehende, die Straßenfassade zusammenfassende Wand erhalten. Diese bezieht sich mit ihren Öffnungen und der angedeuteten Symmetrie auf die bestehende Fassadenstruktur. Gleichzeitig hebt der horizontale Schnitt den neuen Teil von dem alten Gebäude ab. Das Attikageschoß übernimmt die Traufhöhen der angrenzenden Häuser und betont das eigentliche Dachgeschoß mit seinen angedeuteten Gauben. Auf der Südseite zur Straße wird der Grundriß um eine fast über die ganze Hausbreite reichende Terrasse erweitert, auf der sich durch die Glasdächer jeweils eigene kleine Raumbereiche ergeben. Der Grundriß der Wohnung, um das innenliegende, frei stehende Treppenhaus organisiert, besticht durch seine weiträumige Transparenz. Lediglich drei Räume, zwei Schlafzimmer und das Bad, sind abgeschlossen. Eine Wendeltreppe führt auf eine offene Galerie.

Ort: **Genf**
Haustyp: **Mehrfamilienhaus von 1887**
Wohnfläche: **220 Quadratmeter**
Bauzeit: **1986**
Bauweise: **Aufstockung um drei Geschosse in Stahlbeton-Skelettbauweise, Dachkonstruktion in Mischbauweise aus Holz und Stahl mit Kupfereindeckung.**

Die dreigeschossige Aufstockung ergänzt harmonisch die ehemalige Baulücke in der Höhe. Grundriß Dachgeschoß im M. 1:200, 1 WC, 2 Wohnen, 3 Flur, 4 Wohnen, 5 Bad, 6 Gästezimmer, 7 Arbeiten, 8 Küche.

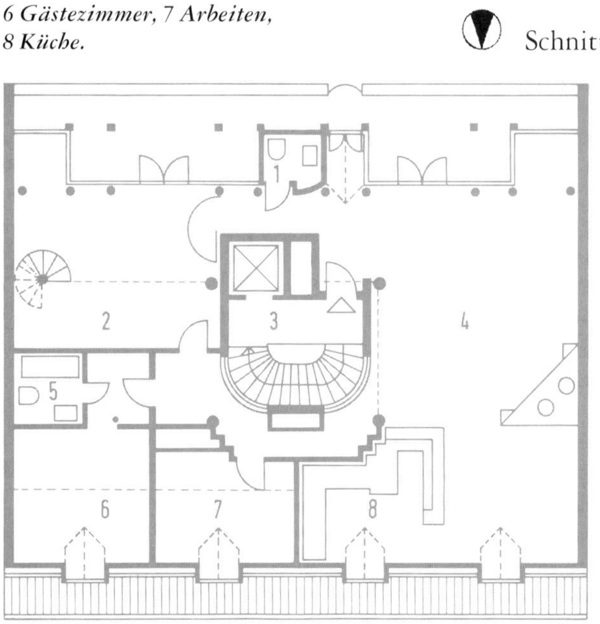

Unten links sieht man ein Beispiel für eine sorgfältige und differenzierte Detailarbeit. Stütze, Stützenkopf, Dachschräge sind so dimensioniert, daß sie von unten als Dachabschluß gut wahrnehmbar sind.

Rechts: Die Dachgauben auf der Rückseite, die vor allem innen in ihrer Dimension zu erkennen sind, entsprechen den straßenseitigen Ziergiebeln.

Aufstockung in Wien-Josefstadt

Architekt: Franz C. Demblin, Wien

Diese weitläufige, 250 Quadratmeter große Wohnung wurde auf dem Hoftrakt eines Jugendstil-Mietshauses errichtet. Die Räume gruppieren sich um den im Zentrum gelegenen oktogonalen Wohnraum. Geometrisch regulierte und individuell geformte Räume fügen sich zu einer differenzierten Raumfolge, die nichts mehr mit einer Mansardenwohnung zu tun hat, sondern bewußt als eigenes Haus über den Dächern verstanden werden kann. Wohn- und Schlafbereich sind als getrennte Einheiten konzipiert, eine zweigeschossige Halle, die oben in einem Glashaus ihren Abschluß findet, dient als verbindende Eingangszone. Der über der Wohnung liegende, 130 Quadratmeter große Dachgarten wird so durch die großflächige Verglasung in das optische Gefüge der Wohnebene einbezogen.

Die achteckige, mit einer Kuppel überwölbte Halle dient als Gelenk für Koch-, Eß-, Wohn- und Bibliotheksbereich. Vor dem Wohnbereich liegt nach Süden eine geschützte Terrasse, über die der tiefe Wohnbereich belichtet und besonnt wird. Von der Eingangshalle gelangt man über eine weiße Stahltreppe in das Glashaus des Dachgartens, das bei Regen als Sitzplatz und im Winter als Gewächshaus dient. Pergolapfeiler, Rankgitter und ein großer, im Sommer kühlender Wandbrunnen, bereichern den geschützten Dachgarten, dessen Aussicht über Rathaus und Votivkirche bis zu den Hofmuseen reicht. Als Ergänzung sind Sauna und Werkstattraum, von der Terrasse aus erreichbar, unter die erhaltengebliebene Dachschräge eingebaut worden. Es ist eine prachtvolle Wohnung entstanden, die durch Grundrißlösung, klassische Formensprache und überzeugende Details ihrer zeitgemäßen Konstruktion besticht.

Ort: **Wien**
Haustyp: **Jugendstilmietshaus**
Wohnfläche: **250 Quadratmeter**
Bauzeit: **1983**
Bauweise: **Großzügiger Neuaufbau einer Wohnung als Haus über der Stadt mit Dachgarten**

Adaption eines alten Grundrisses mit tragender Mittelwand für eine neue Raumfolge, deren Mittelpunkt die großzügige Wohnhalle bildet. Im Kontrast dazu steht die gekurvte Wand der neuen Wendeltreppe am Eingang.

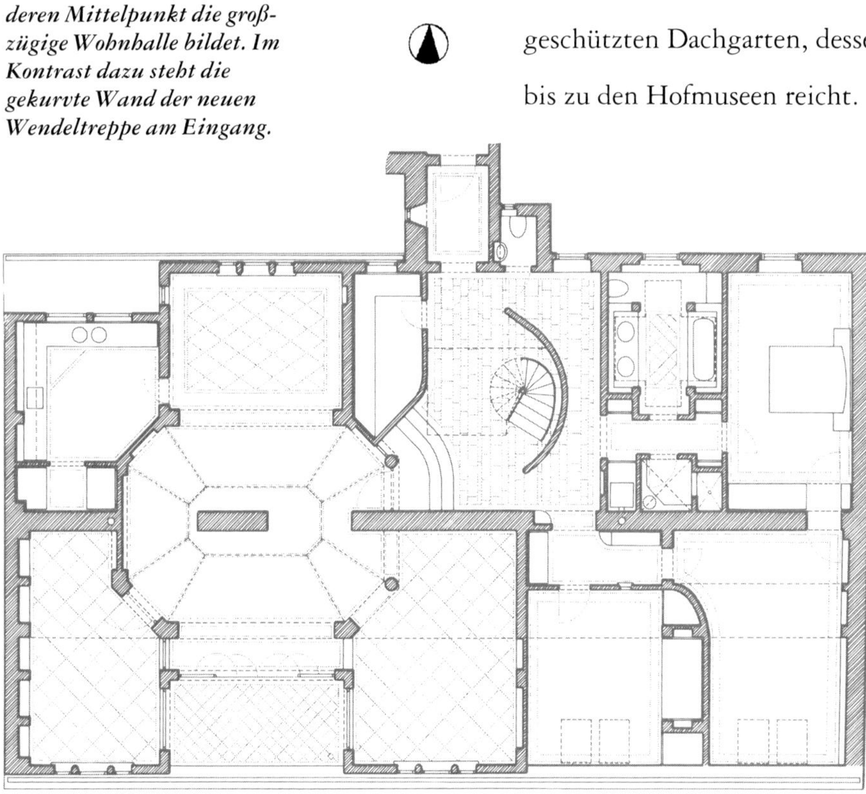

Blick in den Treppenturm aus der Eingangsebene. Die Strenge der verwendeten Gestaltungsmittel steht in bewußtem Gegensatz zu der historisierenden Ausformung des Badezimmers (oben rechts) und der großen Wohnhalle (Mitte).
Unten rechts: Der obere Abschluß der neuen Wendeltreppe führt auf die Dachterrasse.

Neues Konzept für ein altes Dach

Architekt: Christian Haller, Linz

Schnitt und Grundriß im M. 1:400, Dachterrassenebene: 1 Luftraum/Wohnen, 2 Dachboden, 3 Terrasse, 4 Draufsicht Freisitz. Dachgeschoßebene: 1 Wohnen, 2 Kind, 3 Kind, 4 Bad, 5 Flur, 6 Schlafen, 7 Küche, 8 Essen, 9 Freisitz, 10 WC.

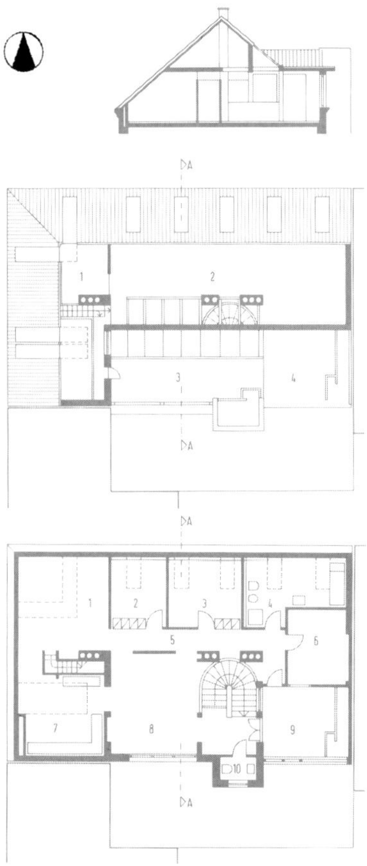

War vor einigen Jahren noch für viele Städter der Lebenstraum das »Glück auf dem Land«, so geht heute der Trend eher »zurück in die Stadt, dorthin wo das Leben ist«. Dieses Lebensgefühl bewog auch fünf junge Paare und Familien, gemeinsam ein Gründerzeithaus in Linz zu kaufen, um es ihren eigenen Vorstellungen gemäß zu sanieren und umzubauen. Das Architektenehepaar war für die Planung des gesamten Hauses verantwortlich und übernahm selbst das Dachgeschoß.

Der alte Dachstuhl war verrottet und wurde vollständig abgetragen, so daß die Architekten auf der Decke über dem letzten Geschoß frei von Vorgaben der alten Dachkonstruktion die Organisation der von ihnen gewünschten Räume vornehmen konnten. Dabei war es ihnen wichtig, das straßenseitige Erscheinungsbild des dominanten Eckhauses aus der Gründerzeit nicht zu beeinträchtigen.

Die ehemals vorhandenen Dachflächen wurden auf der Straßenseite in Neigung und Material wiederhergestellt, lediglich durch einige liegende Dachflächenfenster unterbrochen, die aber aus der Perspektive des Fußgängers nicht sichtbar sind. Auf der Hofseite dagegen ist die gesamte Hausfassade in einer zeitgemäßen Architektursprache neu gestaltet worden. Vorgehängte Wohnungsbalkone nach Süden zum Innenhof in den unteren Geschossen, Dacheinschnitte, Dachaufbauten und eine große geschützte Terrasse im Dachgeschoß bestimmen mit ihrem Flächenspiel, den unterschiedlichen Fensterformen und den Vor- und Rücksprüngen das neue Erscheinungsbild der Fassade. Während in den alten Wohngeschossen die Grundrißstruktur nahezu unberührt geblieben ist, wurde unter dem neuen Dach einfallsreich eine weitgehend offene, über zwei Ebenen reichende Dachwohnung geplant, in der die verschiedenen Wohnbereiche durch eine differenzierte Lichtführung, wechselnde Raumhöhen, Mauerscheiben und Treppen klar betont und gegeneinander abgegrenzt sind. Durch geschickte Raumeinteilung ergeben sich reizvolle Blickachsen und Raumfolgen unterschiedlicher Qualität.

Die Offenheit des Grundrisses wird weiter dadurch unterstrichen, daß alle nicht tragenden, raumabschließenden Wände nicht bis zur Decke geführt worden sind und so die Räume optisch schließen, sie enden viel-

Blick über die offene Treppe in den Eßraum, der gleichzeitig Eingangsbereich ist und Flure ersetzt. Durch geschickte Anordnung der Räume wird besonders in diesem Raumbereich der von Schrägen bestimmte Dachraumeindruck vermieden.

Ort: Linz

Haustyp: Städtisches Mehrfamilienhaus aus der Gründerzeit

Wohnfläche: 220 Quadratmeter

Bauzeit: Mai – Dezember 1986

Bauweise: Neu aufgebautes Dachgeschoß als Mischkonstruktion aus tragender Stahlbetonscheibe und angelehnter Holzkonstruktion des Daches. Durchgehendes Dachoberlicht aus Stahlprofilen.

mehr 40 Zentimeter darunter und schaffen so eine großzügige räumliche Transparenz. Das konstruktive Hauptelement des neuen Daches ist ein 1,40 Meter hoher Stahlbetonträger, der in Gebäudelängsrichtung verläuft. An ihm ist der hölzerne Kehlbalkendachstuhl verankert, der die straßenseitige Dachfläche bildet. Dieser materiell und optisch massive Träger ist als konstruktiv-gestalterisches Element im Innenraum wie auch von außen sichtbar.

Bestimmend für den Raumeindruck ist der den ganzen Grundriß durchziehende, das Dach tragende rote Stahlbetonbalken, an den sich die übrigen konstruktiven Elemente sichtbar und betont anlehnen. Der im Hintergrund sichtbare Stahlbetonbalken ermöglicht die Öffnung des Daches für das durchlaufende Oberlicht. Dadurch werden Küche und Wohnraum (rechts) belichtet. Der hinter den Wandscheiben liegende Aufgang führt auf die Dachterrasse und den Bodenraum.

Aufstockung einer Stadtvilla

Architekt: Ernst Giselbrecht, Graz/Bregenz

Das flach geneigte Walmdach dieser Stadtvilla konnte nur durch einen großzügigen Eingriff ausgebaut werden: Das gesamte Dach mußte um die Höhe des Fensterbandes angehoben werden. Nur so konnte genügend Licht in das Innere des tiefen Grundrisses und auf die Galerie gebracht werden, ohne daß die dominante Dachfläche durch liegende Fenster oder Gauben zerstört wurde. Durch die Anhebung des Daches wurde der Gesamteindruck des vorher etwas gedrungen wirkenden Hauses erheblich leichter. Auch wurde es durch den Umbau in seiner architektonischen Wirkung als Zeugnis der Gründerzeit nicht beeinträchtigt. Im Inneren entstand ein großer Atelierraum, der in seiner Weitläufigkeit einen starken Gegensatz zu den unteren Geschossen schafft. Einen besonderen Reiz macht der Rundblick aus: Von hier aus läßt sich die Natur des umgebenden Parks wie in einem Film betrachten. Die stets gleich großen Fensterelemente des umlaufenden Bandes schneiden gleichsam die einzelnen Bilder aus der Natur heraus. Und darüber schwebt das weiße Zelt des großen Walmdaches.

Vom Hauptraum führt eine breite Treppe auf die Galerie. Diese wurde, einer Kommandobrücke gleich, auf sechs runden Stützen, die auch die Dachkonstruktion tragen, in den Raum gestellt. Große Fachwerkträger mit industrieartiger Unterspannkonstruktion bei den Querträgern bestimmen verblüffend disparat den Raumeindruck dieser nach außen so konservativ wirkenden Villa.

Ort:	**Graz**
Haustyp:	**Stadtvilla aus der Gründerzeit**
Wohnfläche:	**250 Quadratmeter**
Bauzeit:	**1988**
Bauweise:	**Komplette Dachanhebung um ca. 1,30 Meter in Stahlskelettkonstruktion mit flach geneigtem Walmdach in der ursprünglichen Form; Einbau einer Galerie.**

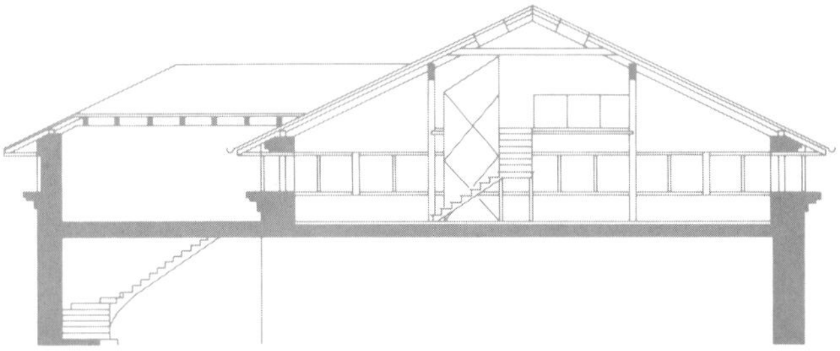

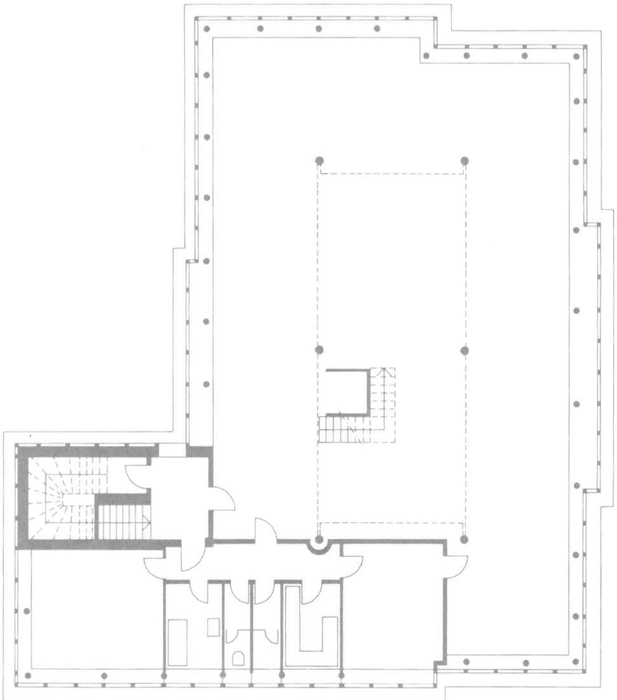

Das neu aufgesetzte Dachgeschoß »schwebt« gleichsam über dem alten Haus. Das Fensterband, geschützt durch einen weiten Dachüberstand, bildet den gesimsartigen Abschluß des Hauses. Schnitt und Grundriß der unteren Dachgeschoßebene im M. 1: 200.

In das weitgespannte Traggerüst sind leichte Trennwände eingefügt, die die Tragkonstruktion nicht berühren und damit den Eindruck eines schwebenden Daches vermitteln.

Im Kontrast zur massiven Villenarchitektur steht der Ausbau mit industriellen Elementen: Gitterträger, unterspannte Nebenträger und filigrane Stahlbaudetails.

Zweimal aufgestockt: Stadthaus in Hannover

Architekten: Hartle und Partner, Hannover

Die Bebauung dieser Wohnstraße in Hannover entstand kurz nach der Jahrhundertwende – mit dem Charakteristikum, daß alle Gebäude große Zwerchhäuser bekamen. Im Krieg wurde das Dachgeschoß dieses Hauses zerstört und in den sechziger Jahren um ein Vollgeschoß aufgestockt, wiederum mit einem Dachstuhl, der allerdings nie genutzt wurde. Der perfekte Dachraum und die gute Wohnlage veranlaßten den Eigentümer, prüfen zu lassen, ob ein Ausbau oder Umbau rentabel sei. Die Architekten legten drei Vorentwürfe vor: Nutzung als zwei kleinere Stadtwohnungen, eine große Wohnung oder Einbeziehung der darunterliegenden Ebene zu Maisonettewohnungen. Die Kosten-Nutzenrechnung ergab die Entscheidung für zwei kleine Wohnungen, für die sogar noch je eine Südterrasse eingeplant werden konnte.

Der erste Bauantrag allerdings wurde abgelehnt: Das Haus sei ja bereits einmal aufgestockt worden, eine Erweiterung nicht zulässig. Erst der Weg über die Denkmalpflege, die die Aufstockung mit neuen Zwerchhäusern als Stadtbildkorrektur befürwortete, ergab die Billigung.

Vorteilhaft war, daß die steile alte Bodentreppe durch das »Aufblättern« der Anfangsstufen als Wohnungszugangstreppe genehmigt wurde, eine erhebliche Kostenersparnis gegenüber einer neuen Treppe. Die geringe Fläche ließ nur einen offenen Appartmentgrundriß zu, dessen Reiz der helle hohe Raum mit den großen Glasflächen nach Süden ist. Die eingeschnittene Terrasse, über deren Mittelwandrinne das Regenwasser der ganzen Dachfläche zwischen den neuen Zwerchhäusern durch eine Wasserpforte entsorgt wird, ist ein wunderbar geschützter Sonnenplatz, der diese Wohnung zusätzlich attraktiv macht.

Ort: **Hannover**
Haustyp: **Stadthaus aus der Jahrhundertwende**
Wohnfläche: **je 45 Quadratmeter**
Bauzeit: **1990**
Bauweise: **Aufstockung zweier Wohnungen unter Verwendung des vorhandenen Dachstuhls. Analoge Gebäuderekonstruktion durch zwei neue Zwerchhäuser, die eine Südterrasse einschließen.**

Die beiden neuen Zwerchgiebel knüpfen an die alte Dachlandschaft an. Grundriß beider Dachwohnungen im M. 1: 200, 1 Bad, 2 Küche, 3 Wohnen/Schlafen, 4 Terrasse.

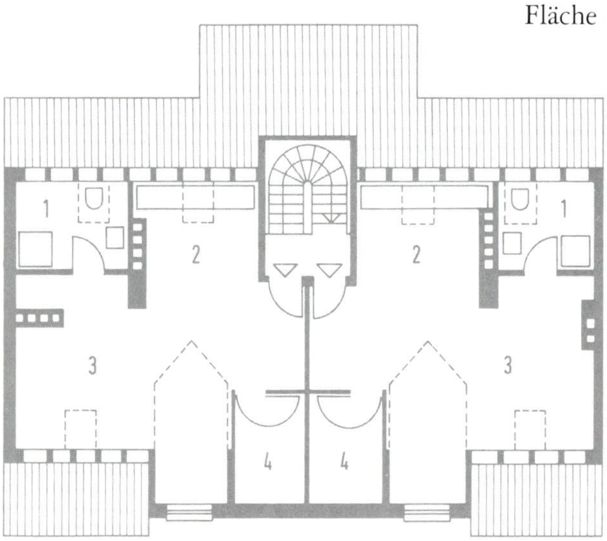

Oben: Blick in den Zwerchgiebel, dessen Form im Gegensatz zu einer normalen Dachgaube den dahinterliegenden Raum erweitert. Hinter der Verbretterung und dem blauen Gesimsband verbirgt sich rechts die Entwässerung des Daches.

Der nachträglich eingebaute Terrassenaufbau mit Wärmedämmung führt zu einem Niveauunterschied zwischen Innen- und Außenraum, so daß immer eine Stufe entsteht – ein altes Problem.

Erweiterung eines Fachwerkhauses

Architekten: Knobloch + Luippold, Kirchheim u. Teck

Über eine solche Baumaßnahme freuen sich die Denkmalpfleger: Einem Betonanbau aus den 60er Jahren wurde mit Rücksicht auf das historische Ensemble ein Dach aufgesetzt. Die Devise der Architekten hieß: Eingliedern, aber nicht anbiedern. Die Stadt war froh, daß der Fremdkörper im Stadtbild einen »Hut« aufgesetzt bekam, die Bauherrn gleichermaßen, weil sie sich endlich das ihnen vorschwebende Raumangebot erbauen konnten. Daher gab es auch baurechtlich keine Probleme, allerdings mußte der Dachaufbau in enger Zusammenarbeit mit dem Denkmalschutzamt entwickelt werden. In dem Flachdachanbau sollte der Wohnteil untergebracht werden, der Schlaftrakt verblieb in dem angrenzenden alten Fachwerkhaus. Ein zeitgemäßer offener Grundriß, der die Dachform erlebbar macht und den Blick auf die schöne historische Altstadt freigibt, ist das Ergebnis.

Da der Anbau ursprünglich für eine Aufstockung nicht vorgesehen war, mußten die zusätzlichen Lasten des aufgesetzten Daches über Leimbinder auf die Außenwände abgetragen werden, an diesen wurden auch die leichte Stahlkonstruktion des Glasanbaus und die Galerie angehängt.

Die Materialwahl knüpft an den Bestand an: Biberschwanzdoppeldeckung für das neue Dach, im Innenraum die sichtbare Holzbinderkonstruktion mit senkrecht verschalten Zwischenfeldern, Eichenhirnholzparkett und schwarz-weiße Fliesen, die an das Farb- und Flächenspiel der historischen Fachwerkkonstruktion der Umgebung erinnern.

Ort: **Kirchheim u. Teck**
Haustyp: **Flachdachausbau aus den 60er Jahren**
Wohnfläche: **120 Quadratmeter**
Bauzeit: **1984**
Bauweise: **Dachaufbau in Holzbinderkonstruktion mit wintergartenartigem Stahlanbau mit Leichtmetallfassade und Außenbeschattung.**

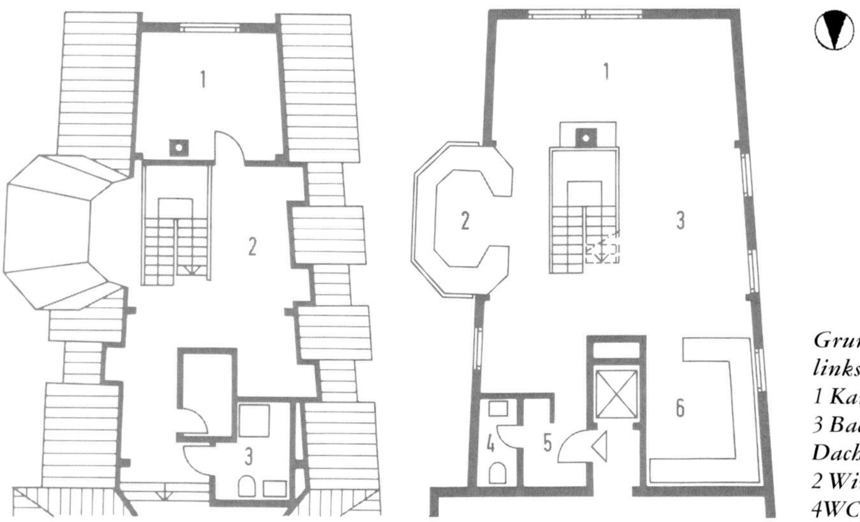

Grundrisse im M. 1:200, links: Galerieebene: 1 Kammer, 2 Galerie, 3 Bad. Rechts: Neues Dachgeschoß: 1 Wohnen, 2 Wintergarten, 3 Essen, 4 WC, 5 Diele, 6 Küche.

Blick von der Galerie in den neuen gläsernen Erker. Der liegende Gitterträger dient der Aussteifung der Fassade gegen Windkräfte.
Unten: Die Galerie schafft die Verbindung zum Altbau. Der schachbrettartige Fußbodenbelag, eine Erinnerung an historische Bodenbeläge, markiert den Wintergartenbereich.

Dachaufstockung als Stadtbildpflege

Architekt: Büro Schaudt, Konstanz

Die Bauaufgabe bestand darin, ein undichtes Flachdach, welches zwischen zwei verschieden hohen Häusern »eingeklemmt» war, durch eine neue, geneigte Dachform zu ersetzen und zusätzlichen Dachraum zu schaffen.

Die neue Dachform sollte sich behutsam in ein Ensemble an bedeutender Stelle in der Konstanzer Altstadt einfügen. »Störende« Neubauteile, große Glasflächen oder Glasdurchdringungen sollten zumindest auf der Straßenseite vermieden werden.

Das Resultat der Planungsbemühungen zusammen mit der Denkmalschutzbehörde war eine einfache Satteldachform, wie sie in der Altstadt überwiegend anzutreffen ist.

Glas wurde nur sehr sparsam im Bereich der Traufe eingesetzt, um den neuen Dachraum schwebend leicht erscheinen zu lassen. Zum rückwärtigen Innenhof, der nicht einsehbar ist, wurde über den neuen Ebenen eine großflächige Verglasung angeordnet, die den Dachraum geradezu mit Licht durchflutet und einen interessanten Blick auf Kirchturm und Altstadt freigibt.

Ort: **Konstanz**
Haustyp: **Flachdachanbau zwischen zwei historischen Häusern**
Wohnfläche: **130 Quadratmeter**
Bauzeit: **1989**
Bauweise: **Großräumige Aufstockung in Stahlkonstruktion als Satteldach mit eingezogener Stahlgalerie und Bodenbelag aus Stahlrosten.**

Zur Erfüllung der feuerpolizeilichen Anforderungen wurde auf der straßenseitigen Dachfläche ein Fluchtbalkon in einer leichten Stahlkonstruktion angehängt. So konnte mit einer einfachen und unauffälligen Lösung die Forderung umgangen werden, ein feuerbeständiges Treppenhaus über alle Ebenen hinunter ins Erdgeschoß führen zu müssen – eine enorme Kosten- und Platzersparnis.

Der Innenraum der neuen Ebenen sollte von einem Höchstmaß an Transparenz und Leichtigkeit geprägt sein. Aus diesem Grund wurde als Dachstuhl eine filigrane Stahlkonstruktion entwickelt, in die die neuen Galerien aus durchsichtigen Gitterrosten fast schwebend eingehängt wurden.

Alle neuen Bauteile der Aufstockung wurden in Material, Form und Farbe deutlich von der historischen Substanz abgesetzt und in einen spannungsreichen Kontrast gestellt, das Altvertraute behält seine Bedeutung, das Neue nimmt den Dialog auf und sucht sich zu behaupten.

Grundriß der Galerieebene und Schnitt im M. 1:200. Links die gläserne, rechts die zur historischen Altstadtstraße gelegene geschlossene Dachhaut.

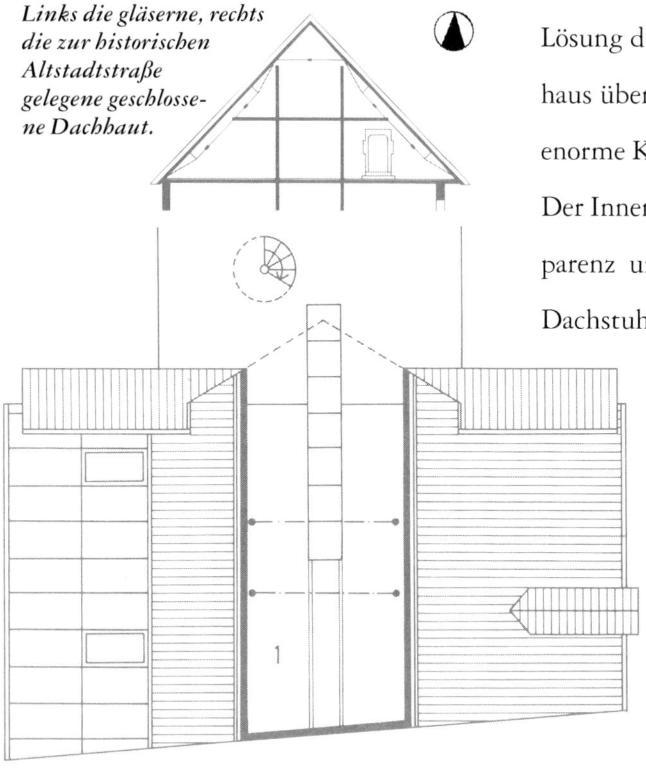

Durch die Verwendung von Gitterrosten und daraufliegenden Glasplatten auf der Galerie wurde auch zwischen den Ebenen ein Höchstmaß an Transparenz erreicht.
Rechts: Die besonders schlank dimensionierte, sichtbare Stahlkonstruktion umhüllt hallenartig den zweigeschossigen, offenen Grundriß. Im reizvollen Kontrast zu der Stahlkonstruktion und deren Leichtigkeit steht das steinerne Überbleibsel aus der alten Außenwand.

Literaturhinweis

Egon Böhmer,
Dachausbau
Köln 1991

Karl-Heinz Götz, Dieter Hoor, Karl Möhler, Julius Natterer,
Holzbauatlas
München 1983

Dieter Hoor, Holger Reiners,
Alte Bauten – Neues Wohnen
München 1990

Dieter Hoor, Holger Reiners,
Der Dachausbau
Neue Wohnräume unterm Dach
München 1991

Gabriel Lisowski,
Ideen zur Dachboden-gestaltung
Wien

Erika und Lothar Markmann,
Leben unterm Dach
Düsseldorf, Wien 1985

Annemarie Mütsch-Engel,
Wohnen unter schrägem Dach
Leinfelden-Echterdingen 1982

Peter H. Nengelken,
Dachgeschoß-Ausbau
München 1988

Heinrich Schmitt,
Hochbaukonstruktion
München 1983

Volkmar Schnöke,
Dachraumausbau
Berlin 1986

Eberhard Schunck, Thomas Finke, Richard Jenisch, Hans Jochen Oster,
Der neue Dachatlas – geneigte Dächer
München 1991

Architektenverzeichnis und Bildnachweis

AIS Architektur-
Innenarchitektur-Stadtplanung
G. Schindler-Zimmermann
Dipl. Ing. Innenarchitektin
KD. Zimmermann
Dipl. Ing Architekt BDA
Eppendorfer Landstraße 155
2000 Hamburg 20
Fotos: Schöner Wohnen, G. Rogers, Hamburg
S. 90-93

Architekt BSA Max Alioth,
Susanne Biedermann,
Innenarchitektin VSI
Klingental 13-15
CH-4058 Basel
Fotos: Archiv Architekten
S. 94-97

Dipl. Architekt SIA
Planer ETH/BSPP
Jürg Althaus
Mottastraße 1
CH-3000 Bern 6
Fotos. Archiv Architekt
S. 156-157

Arch-Bau GmbH
Sierichstraße 56
2000 Hamburg 60
Fotos: Archiv Architekten
S. 46-49

Dipl. Ing. Innenarchitekt BDIA
Wolfgang Becher
Rupprechtstraße 12
8580 Bayreuth
Fotos: Archiv Architekt
S. 26-27

Architekturgruppe
Bergmann Boerdner
Angela Bergmann
Helmut Boerdner
Dipl. Ing. Architekten
Burgstraße 23
6274 Hünstetten 2
Fotos: O. Schnee, Steinbach/Taunus
S. 58-59

Dipl. Ing. Architekt
Jürgen von Brandt
Neumarkt 11
5100 Aachen
Fotos: Archiv Architekt
S. 20-21

Dipl. Ing. Architekt
Gerhard Bünemann
Architekten Bertram + Bünemann
Yorckstraße 13
3000 Hannover 1
Fotos: G. Bünemann
S. 110-113

Dipl. Ing. Architekt
Egon Comtesse
Saargemünderstraße 93
6600 Saarbrücken
Fotos: T. Gundelwein, Saarbrücken
S. 82-85

Dipl. Ing. Architekten BDA
Dahlbender – Gatermann – Schossig
Gottesweg 52
5000 Köln 1
Fotos: Archiv Architekten
S. 104-105

Dipl. Ing. Architekt
Franz C. Demblin
Brahmsplatz 7
A-1040 Wien
Fotos: Archiv Architekt
S. 76-79
S. 138-141
S. 176-177

Architekten
Dinse Feest Zurl
Schenefelder Landstraße 151 A
2000 Hamburg 55
Fotos: K. Frahm, Hamburg
S. 32-37

Feige & Döring
Architekten + Ingenieure
Fregestraße 67
1000 Berlin 41
Fotos: Archiv Architekten
S. 50-53

Dipl. Ing. Architekt
Jo Franzke
Alte Gasse 14-16
6000 Frankfurt 1
Fotos: Archiv Architekt
S. 42-45

Dipl. Ing. Architekt
Hans Freund
Buchenringstraße 15
8201 Eggstädt
Fotos: J. Werle, Hamburg
S. 80-81

Dipl. Ing. Architekten
Peter Fuge + Ingo Lippmann
Oberstraße 13 a
Planhof
3000 Hannover 1
Fotos: Archiv Architekten
S. 158-159

Galerie Blau
Büro für Gestaltung
Dorfstraße 8
7801 Freiburg
Fotos: F. Borkenau, Hamburg
B. Albrecht, Freiburg
S. 68-71

Dipl. Ing. Architekt
Professor Wolf Gerischer
Cimbernstraße 14
4000 Düsseldorf-Oberkassel
Fotos: A. M. v. Trenck, Düsseldorf
S. 136-137

Dipl. Ing. Architekt
Prof. Wolf Gerischer,
Angela Oedekoven-Gerischer,
Dipl. Ing. Innenarchitektin
Mitarbeiter: Just Rödder, Lutz Schröder
Fotos: A. M. v. Trenck, Düsseldorf
S. 146-149

Dipl. Ing. Architekt
Ernst Giselbrecht
Sparkassenplatz 2/III
A-8010 Graz
Fotos: Archiv Architekt
S. 182-183

Dipl. Ing. Architekt
Hans Häusler
Salmgasse 10
A-1030 Wien
Fotos: Anna Blau, Wien
S. 28-31

Dipl. Ing. Architekt
Christian Haller
Volksfeststraße 24
A-4020 Linz
Fotos: Archiv Architekt
S. 178-181

Andreas Hartle und Partner
Architektur und Stadtplanung
Bahnhof Kleefeld
3000 Hannover 61
Fotos: Archiv Architekten
S. 184-185

Dipl. Ing. Architekt
Eckhard Hennig + Partner
Baumkamp 34
2000 Hamburg 60
Fotos: C. Janetscheck, Berlin
S. 98-99

Dipl. Ing. Architekten BDA
Stadtplaner SRL
Knobloch + Luippold
Stuttgarter Straße 74
7312 Kirchheim u. Teck
Fotos: M. Paal, München
S. 186-187

Professor Dipl. Ing. Architekt BDA
Jürgen Lauster
An der Stiftskirche 14
4800 Bielefeld 1
Fotos: M. Tiemann, Bünde
S. 62-65

Dipl. Ing. Architekt
Rüdiger Lainer
Reisnerstraße 41
A-1030 Wien
Fotos: M. Krischanitz, Wien
S. 130-133

Dipl. Ing. Architekt
Rolf Leinweber
Knesebeckstraße 20-21
1000 Berlin 12
Fotos: J. Gonzales, Berlin
S. 54-57

Dipl. Ing. Architekt
Dimitris Manikas
Felberstraße 24
A-1150 Wien
Fotos: Archiv Architekt
S. 154-155

Dipl. Ing. Architekt
Gert M. Mayr-Keber
Blechturmgasse 11
A-1050 Wien
Fotos: E. Mayr-Keber, Wien
S. 150-153
S. 166-169

Dipl. Ing. Architekt
Christian Möller
Meisengasse 28
6000 Frankfurt 1
Fotos: Archiv Architekt
S. 114-117

Dipl. Ing. Architekt
Rainer Müller
Güntherstraße 24
3000 Hannover 81
Fotos: R. Müller
S. 126-129

Dipl. Ing. Architektin
Ute Piroeth
Agrippinawerft 6
Rheinauhafen
5000 Köln
Fotos: J. Willebrand, Köln
S. 162-165

P:I.S.A.
Planung – Industriebau – Städtebau
Sierichstraße 56
2000 Hamburg 60
Fotos: Archiv Architekten
S. 22-25
S. 118-121

Freie Architekten
Sybille + Ditmar Plesch
Kirchbachstraße 9
7250 Leonberg-Eltingen
Fotos: Archiv Architekten
S. 102-103

Dipl. Ing. Architektinnen
Annette Rinn
Charlotte von Tettenborn
Planungsgruppe für Architektur, Landschaftsarchitektur
Rund Um
Geyerstraße 20
8000 München 5
Fotos: J. Werle, Hamburg
S. 134-135

Architekt BDA DWB
Schaudt
Seestraße 1
7750 Konstanz
Fotos: A. Krause, Konstanz
S. 188-189

Dipl. Ing. Architekt
Joachim Schmidt
Niebuhrstraße 77
1000 Berlin 12
Fotos: W. Engel, Berlin
S. 60-61

Dipl. Ing. Architekt
Mathias Schründer
Pilatuspool 5 A
2000 Hamburg 36
Fotos: H. Willig, Hamburg
S. 16-19

Dipl. Ing. Architekt BDA
Hans H. Seibold
Sierichstraße 56
2000Hamburg 60
Fotos: F. Borkenau, Hamburg
S. 14 (Zeichnung)
S. 109 (Zeichnung)
S. 142-145 (Fotos)
S. 160 (Zeichnung)

Dipl. Ing. Architekt HdK
Rainer Seiferth
Fichtestraße 25
1000 Berlin 61
Fotos: Archiv Architekt
S. 66-67

SRA-ARS
Studio de Realisation Architecturale
Marie-Christine Kössler, Architecte EAUG-SIA
Pierre Leonard Kössler, Architecte ETS-EAUG
Claude Karim Morel, Architecte EAUG-SIA
19, Boulevard des Philosophes
CH-1205 Genf
Fotos: Archiv Architekten
S. 174-175

Architekturbüro
Stiebale
Briennerstraße 24
8000 München 2
Fotos: M. Paal, München
S. 122-125

Dipl. Ing. Architekt
Heinz Tesar
Esteplatz 6-7
A-1030 Wien 3
Fotos: Archiv Architekt
S. 170-173

Dipl. Ing. Architekt
Falk von Tettenborn
Säulingstraße 25
8000 München 21
Mitarbeiter: Dipl. Ing. Luigi Colantonio (S. 88-89, 106-107)
Dipl. Ing. Gregorio De Diego (S. 72-75, S. 88-89)
Dipl. Ing. Gerhard Hess (S. 106-107)
Dipl. Ing. Wolfgang Rössle (S. 72-75)
Fotos: M. Paal, München
S. 72-75
S. 86-89
S. 106-107

Völkner + Partner
Diplomingenieure + Architekten
Breisacher Straße 17
8000 München 80
Fotos: M. Paal, München
S. 100-101

Dipl. Ing. Architekt BDA
Christian Vollbracht
Am Born 6
2000 Hamburg 50
Fotos: A. K. Hansen, Hamburg
S. 38-41

Abbildung S. 2: ARCAID Architectural Photography Picture Library, Surrey; Foto: Richard Bryant
Abbildungen auf dem Schutzumschlag: AIS, Hamburg; Foto: Gary Rogers, Hamburg (Vorderseite)
Architekturbüro Stiebale, München; Foto: M. Paal, München (Rückseite)